정부혁명4.0

따뜻한 공동체, 스마트한 국가

정부혁명4.0

따뜻한 공동체, 스마트한 국가

초판 1쇄 발행 2017년 3월 22일

지 은 이	권기헌
발 행 인	권선복
편 집	심현우
전 자 책	천훈민
발 행 처	행복한 에너지
출판등록	제315-2011-000035호
주 소	(157-010) 서울특별시 강서구 화곡로 232
전 화	0505-613-6133
팩 스	0303-0799-1560
홈페이지	www.happybook.or.kr
이 메 일	ksbdata@daum.net

값 15,000원

ISBN 979-11-86673-74-4 93350

Copyright ⓒ 권기헌, 2017

행복한 에너지는 독자 여러분의 아이디어와 원고 투고를 기다립니다. 책으로 만들기를 원하는 콘텐츠가 있으신 분은 이메일이나 홈페이지를 통해 간단한 기획서와 기획의도, 연락처 등을 보내주십시오. 행복한 에너지의 문은 언제나 활짝 열려 있습니다.

정부혁명4.0

따뜻한 공동체, 스마트한 국가

권기헌 지음

대한민국 차기대통령의 국정청사진

NEXT PRESIDENTIAL AGENDA 4.0

행복한에너지

추천의 글
– 정의화 전 국회의장

　우리 사회 모두는 미래를 위한 지혜를 모아야 한다. 새로운 국가 비전과 중장기 전략을 세우는 데 더 많은 관심과 노력이 필요하다. 그러나 가장 안타까운 점은 우리가 미래에 대한 대비를 전혀 안 하고 있다는 것이다.

　특히, 광복 이후 우리 사회는 각 분야별로 비약적인 발전을 이뤄냈지만, 정치는 그것을 따라가지 못하고 있다. 국민의 기대와 눈높이에 턱없이 모자람은 물론이다. 대한민국의 미래를 위해 이제는 정말 정치가 바뀌어야 한다. 또한 현재 대한민국의 경제는 매우 위기상황이다. 투자와 생산, 일자리는 감소하고 소비와 민생경제는 위축돼 있다. 청년 실업률은 IMF 위기 이후 최고치이다.

이러한 시대적 배경하에서 국가의 비전과 중장기 전략을 모색하지 않는다면 우리는 빠르고 복잡하게 변화하는 글로벌 경쟁사회에서 낙오될 수밖에 없고, 반복되는 갈등과 각종 부조리 등의 문제를 해결할 수도 없을 것이다. 국민들의 국가에 대한 사랑과 신뢰를 되찾을 수 없고, 우리나라는 선진국 문턱에서 뒷걸음질할 수 있다.

따라서 우리는 국가적 미래 과제들에 대해 공감대를 형성하고 합의를 이뤄내어야 한다. 사회적 대타협, 신성장 동력, 4차 산업혁명 등을 협치와 거버넌스, 그리고 리더십으로서 풀어나가야 하는 것이다. 이는 그 자체로 국가와 국민의 에너지를 모아내는 중요한 계기가 될 것이다.

그러한 측면에서 권기헌 교수의 본 저서는 우리가 꿈꾸는 대한민국의 미래 모습을 심도 깊게 제시하고 있다. 정책학도의 예리한 시각으로 우리나라가 새로운 선진사회로 도약하기 위해 반드시 추진해야 하는 국가혁신을 정치4.0, 산업4.0, 자본4.0, 시민4.0, 정부4.0이라는 패러다임으로 심도 있게 분석하고 있다.

특히 국회의장으로 정치권에 몸담고 있었던 나로서는 이 책이

사회적 대타협, 4차 산업혁명, 신성장 동력, 협치 등 우리 정치가 풀어나가야 할 숙제와 우리 정치권의 제도 개혁방안에 대해 제시해 주고 있어서 매우 흥미롭고 유익하게 읽을 수 있었다. 독일, 스웨덴, 아일랜드 등 선진사례들에 대한 자세한 분석을 통해 유럽에서는 어떻게 했기에 '정치의 장'에서 노사정이 대타협을 이루고 신성장 동력을 이룰 수 있었는가? 어떤 소통과 화합의 리더십, 협치와 포용의 리더십이 있었기에 정계, 재계, 노동계가 손을 잡고 국가발전이라는 공동의 목표를 달성할 수 있었는가? 또한 선진국에서는 4차 산업혁명 물결에 어떻게 전략적으로 대응하고 있는가? 모두 흥미로운 문제일 뿐만 아니라 우리나라에서도 당장 현안으로 다가온 문제들이라고 생각된다.

저자는 이 책에서 국정 최고책임자의 리더십, 기구와 의지 문제를 강조한다. 특히 국정리더의 폭넓은 포용과 소통의지, 그리고 이를 뒷받침하는 제도적 장치, 예컨대, 미래전략을 제시하는 연구기구와 이를 정치적으로 타협하는 정치의 장의 마련과 연계 등이 중요하다는 것이다. 우리나라도 귀담아 들을 만한 교훈이라 생각된다.

한마디로 이 책은 정치혁신, 산업혁신, 자본혁신, 시민혁신,

정부혁신 등으로 국가재창조 청사진을 그려내고 있다. 특히 Next Presidential Agenda 4.0이라는 부제가 말해주듯이, 이 책에 담긴 국가재창조의 아젠다와 정책제언들은 차기 대통령 선거 및 정부구성 등에 있어서 중요한 국정관리의 지침이 될 것으로 생각되는 바, 정치권, 국회, 정부, 공공기관 등 동도제현들의 일독을 추천하는 바이다.

정의화

새한국의 비전 이사장(전 국회의장)

추천의 글
– 정규상 성균관대학교 총장

　권기헌 교수의 또 다른 역작을 보는 것 같아 기쁘다. 권 교수
는 이 책에서 양극화, 공동체의 붕괴 등 우리사회가 처해 있는
근본적 문제에 대해 분석하면서, 사회적 대타협, 신성장 동력, 4
차 산업혁명 등 우리 사회가 풀어나가야 하는 실천적 과제를 심
도 깊게 제시하고 있다.

　정책학도의 예리한 시각으로 우리나라가 새로운 선진사회로
도약하기 위해 반드시 추진해야 하는 국가혁신 과제를 정치4.0,
산업4.0, 자본4.0, 시민4.0, 정부4.0이라는 패러다임으로 정리
하면서, 그 솔루션으로 협치, 강력한 추진기구 그리고 소통과
화합의 리더십을 제시하고 있다.

이 책은 우리가 꿈꾸는 대한민국의 미래 모습을 심도 깊게 제시하고 있다. 우리나라 국가혁신의 방향을 제시한 하나의 기념비적 작품이라고 생각하며, 제4차 산업혁명시대의 변화에 따른 혁신과 비전을 수립하는 데 중요한 지침서가 될 것으로 확신하기에 일독을 권하는 바이다.

정규상

성균관대학교 총장

서평

이 책은 우리나라가 새로운 선진사회로 도약하기 위해 반드시 추진해야 하는 핵심전략인 '국가재창조'에 대해 학문적으로 심도 있게 접근하고 있다. 권기헌 교수는 이 책을 통해 제도와 사람, 그리고 정책 혁신과 변혁을 위한 냉철하면서도 가슴 따뜻한 제언들을 독자들에게 설득력 있게 제시해주고 있다.

이 책은 우리가 꿈꾸는 대한민국의 미래 모습을 잘 보여주고 있다. 튼튼하고 강한 안보, 최첨단 기술에 기반한 산업 발전에 바탕을 두되 따뜻하고 복된 공동체를 만들어가기 위한 정치4.0, 산업4.0, 그리고 정부4.0을 제시하고 있다. 특히 독일, 스웨덴, 핀란드, 아일랜드 등 유럽국가에 대한 심도 있는 분석을 토대로 사회적 대타협, 신성장 동력, 협치 등 우리나라에 도움이 되는 정치 개혁 및 정책적 방안을 제시하고 있어 매우 유익하고 흥미롭게 읽었다.

권 교수가 제시한 대한민국 국가재창조 플랜이 실효성 있게 활용될 수 있기를 희망한다.

_ **안철수**, 제20대 국회의원(전 국민의당 공동대표)

공화주의는 자유, 법치, 공공선, 시민의 덕성을 강조한다. 개인주의, 자유주의 폐해를 극복하고, 공공선公共善을 목적으로 하는 법치가 이루어지기 위해서는 시민들의 적극적 지지와 참여, 즉 시민의 덕성이 필요하다. 지금 한국사회는 여러모로 병들고 아파하고 있다. 저성장, 인구절벽, 양극화의 심화, 기울어진 경기장playground의 게임의 룰 속에서 희망의 사다리가 무너지고 건강한 공동체가 붕괴될 위험에 처해 있다.

이런 상황 인식하에 권기헌 교수는 이 책에서 공동체 민주주의의 복원을 주장하면서, 이를 위해서는 특히 공교육의 강화, 사회안전망 강화, 정부신뢰의 회복 등을 통한 우리사회의 공동체 기반 강화가 중요하다고 제안한다. 이러한 문제들을 미리 고민한 스웨덴, 핀란드, 아일랜드, 독일, 싱가포르 등 다양한 외국 사례들도 잘 보여주고 있다.

평소 정의로운 사회란 무엇이고, 이를 어떻게 효과적으로 실현해 나갈 것인지를 고민하고 있는 정치인의 한 사람으로서 권 교수의 이러한 주장에 공감하며, 아울러 좋은 책을 출간한 것에 대해 축하를 보낸다.

_ **유승민**, 제20대 국회의원(바른정당, 전 국회 국방위원장)

시대의 변화를 입체적으로 파악한다는 것은 무척 어려운 일이다. 풍부한 현실 인식과 이론적 능력이 결합되어야 하기 때문이다. 이 책은 오늘의 대한민국이 어떤 비전을 가지고 어떤 방향으로 움직여야 하는지에 대해 미래지향적 안목과 통찰력을 모범적으로 보여준다. 책을 따라가다 보면 정부 혁신과 정치 혁신, 경제 혁신과 시민 삶의 혁신이 어떻게 어우러져야 하는가를 일목요연하게 이해할 수 있다. 이 어려운 시대를 헤쳐 나갈 좋은 지침서를 만나 매우 기쁘다.

_ **박형준**, 새한국의 비전 원장(전 국회 사무총장)

한국사회는 저출산, 고령화, 청년실업 등으로 신음하고 있다. 특히 장기 저성장 국면에 돌입하면서 소득격차, 양극화 등의 문제가 심각해지고 있다. 이러한 시점에서 저자는 유럽의 사례들을 심층 분석하면서 우리 정치, 산업, 자본, 시민, 정부가 나아갈 방향을 명쾌하게 제시하고 있다. 통찰력과 창의성, 영감이 넘치는 역작을 내놓은 권 교수에게 축하와 찬사를 표한다.

_ **이용모**, 現 한국정책학회 회장(2017, 건국대 교수)

권기헌 교수에겐 열정이 있다. 인간의 존엄성을 실현하고 현실의 바퀴를 굴려야 한다는 믿음이 정책학자로서 그의 열정의 원천이다. 지금 한국은 위기의 파도 속에 과거 한 번도 가보지 못한 항로를 헤쳐 나가야 하는 운명에 놓였다. 권 교수는 2017년 대선에서 탄생할 새 정부가 4차 산업혁명과 4차 인구혁명, 4차 노동혁명과 4차 정치혁명, 4차 시민혁명을 격발하고 육성하고 완수하는 4.0정부가 되어야 한다는 영감 넘치는 제안을 한다. 그의 대담한 제안 속엔 한국 정치와 정부의 미래가 담겨 있다. 그는 한국인에게 위대한 용기를 요구하고 있다.

_ **전영기**, 중앙일보 논설위원(전 JTBC 9시뉴스 앵커, 중앙일보 편집국장)

현대 민주주의는 위기이다. 이코노미스트가 2016년에 발간한 『민주주의 우려의 시대』에 따르면, 전 세계의 민주주의는 후퇴하고 있다. 그리고 그 민주주의 위기 상황은 우리도 예외가 아니다. 북한의 핵 위기는 심화되고 있으며, 4 · 16 세월호 참사 이후 제기된 대한민국의 안전의 문제에 대해 정부는 여전히 국민들의 완벽한 믿음을 주지 못하고 있다. 이런 현실에서 우리 언론과 시민사회가 던졌던 일관된 질문은 하나였다. "국가는 어디에 있는가?"

이러한 우리의 부족한 현실을 고려할 때, 권기헌 교수의 『정부혁명4.0』은 시의 적절하게 한국 사회에 던지는 큰 메시지요 큰 울림이 될 것 같다. 〈정부4.0: 따뜻한 공동체, 스마트한 국가〉, 이 개념은 정부3.0을 넘어서 정치4.0, 산업4.0, 자본4.0, 시민4.0을 융합과 통합적 리더십을 바탕으로 하나로 묶어내는 패러다임을 말한다.

무엇보다 저자의 〈정부4.0〉이론이 매력적인 것은 '인간의 존엄성 실현'을 그 이상으로 설정하고 따뜻한 공동체 그리고 민주주의의 확장으로서의 정부 4.0을 말하고 있다는 점이다. 한국정책학회장을 지내기도 한 권기헌 교수의 탁월한 이론적 혜안과 지금까지 국회와 정부에 정책 조언을 해왔던, 말 그대로 현실에 뿌리박은 저자의 인식의 지평이 결합돼 대한민국 혁신을 위한 탁월한 청사진을 만들었다고 평가할 수 있을 것이다. 그런 의미에서 덕성을 갖춘 한국 지성사회뿐 아니라, 여야 각 당의 대선주자들에게도 이 책의 일독을 권하고 싶다.

_ **박재홍**, CBS 아나운서(굿모닝뉴스 앵커, 전 박재홍의 뉴스쇼 앵커)

탁월한 작품이다. 제4의 산업혁명과 제4의 자본주의를 연결시킨 아이디어는 매우 탁월하며 독창적이다. 저자는 정책학의 지혜를 빌려 정치4.0, 산업4.0, 자본4.0, 시민4.0, 정부4.0에 대해 심도있게 분석해내고 있다. 평소 긍정의 힘을 강조한 필자가 작심하고 던진 희망의 메시지가 가득 담긴 이 시대의 필독서이다. 4차 산업혁명 시대의 문턱에서 방황하고 있는 대한민국이 나아갈 방향과 전략을 매우 구체적이고 심도있게 제시하고 있다.

_ **김태영**, 경희대학교 행정학과 교수(전 경희대 공공대학원장)

    정의란 따뜻한 공동체의 미덕을 의미한다. 대한민국은 정의로운가? 만일 그렇다고 자신있게 답하기 어렵다면 어떻게 그것에 합리적으로 다가갈 수 있을지 본서는 고민한다. 지구 공동체가 기술의 발전, 글로벌화와 이민의 문제, 기후변화로 대변혁을 겪고 있다. 이 중요한 시기를 헤쳐나갈 대한민국에게 주는 본서의 진정 어린 조언은 의외로 명료하다. 사회적 대타협을 이룰 성찰적 국가 리더십을 확립하고 제4의 산업혁명에 적극적으로 동참하자는 것. 본서는 따뜻한 가슴으로 함께 잘 사는 길을 모색하는 이 땅의 모든 이들에게 분명한 국정 운영의 청사진을 제시하고 있다.

_ **문상호**, 국정관리연구 편집위원장(성균관대학교 국정전문대학원 교수)

본 서적은 현재 직면하고 있는 다양한 국가적 난제에 대해 명확한 진단을 통해 명확하고 간결하면서도 발전적, 미래지향적 국가혁신의 청사진을 제시하고 있다. 이 책의 가장 큰 강점은 다양한 사례와 이론적 논의를 통해서 정치4.0, 산업4.0, 자본4.0, 시민4.0을 통합한 미래 대한민국의 발전 패러다임을 제공하고 있다는 점이다. 이 책은 국가 미래를 생각하여 정부혁신의 청사진을 설계하는 사람들을 위한 지침서이자 필독서이다.

_ **박형준**, 성균관대학교 행정학과 학과장(한국행정학회 국제위원장)

이 책은 대한민국 국가재창조 패러다임을 명쾌하게 제시하고 있다. 저자가 보내는 따뜻한 희망의 메시지가 우리나라의 공동체 복원, 양극화 해소, 사회적 대타협 등에 실질적인 도움이 될 수 있기를 기대해본다. 이 책이야말로 오랫동안 풀지 못하고 있어 우리 사회의 숙제로 남아 있는 '국가재창조'를 해결할 구체적이고 실천 가능한 방향성을 제시하고 있다.

_ **한승준**, 서울여대 입학처장(한국정책학회 부회장)

저자는 정부4.0을 "휴머니즘을 기반으로 하는 창조변혁 패러다임"으로 정의하면서 창조지능형 정부를 지향하는 미래행정에 대한 내용과 발전방향들을 적실하고 논리적인 방식으로 설명해주고 있다. 특히, 인사행정 및 행정관리 전공자로서 본 서적을 통해 정부혁신4.0이라는 공직구조와 공직문화 개혁, 인사관리 및 인사평가 시스템 재설계 등에 있어, 보다 심도 있는 아이디어를 얻을 수 있어 매우 유익했다. 한마디로 이 책은 국가혁신을 위한 지침서이고 혁신을 하고자 하는 사람을 위한 필독서이다.

_ **박성민**, 성균관대학교 BK21플러스 사업 단장(전 미국 네바다주립대학 행정학과 교수)

저자는 이 책에서 국가혁신을 양극화, 공동체의 붕괴 등 우리 사회가 처하고 있는 근본적 문제에 대한 날카로운 인식에서 출발하면서 이에 따른 강력한 실천을 요구하고 있다. '국가혁신'이라는 난해한 주제를 전문가뿐 아니라 일반 대중도 이해하기 쉽게 설명해주는 아주 매력적인 책이다. 책을 읽다 보면 저자의 심화된 학문적 깊이와 넓이, 창의성, 그리고 통찰력에 놀라고 또, 저자의 국가혁신에 대한 고민을 진솔하게 느낄 수 있다. 장을 거듭할수록 모든 세대들이 공감할 수 있는 답을 찾는 노력을 한 것에 힘찬 박수를 보낸다.

_ **조민효**, 성균관대 행정학과 교수(전 브라운대학 행정학과 교수)

저자는 '성찰적 민주주의'를 강조한다. 제도적, 절차적 민주주의에서 이제는 성찰적 단계로 넘어서야 한다고 주장한다. 다만 학문적 기반으로서 성찰성은, 독자에겐 모호한 개념이기도 했다. 이에 저자는 『정의로운 국가란 무엇인가』란 책을 내보이기도 했다. 성찰적 기반하에 우리가 어떠한 '정의'를 구현할 수 있는지를 보다 자세하게 제시한 책이었다. 오늘날 우리의 시대적 상황은 성찰적 민주주의와 정의로운 국가란 개념이, 학자적 관점에서 얼마나 갈급한 마음으로 내세운 것이었는지를 깨닫게 한다. 지금까지 저자의 연구가 그러하였기에, 앞으로는 또 우리가 어떠한 방향을 지향할지를 제시한다는 점에서 이 책은 소중하다. 그 비전은 구체적이고, 미션은 실행 능하다. 밤에 책을 펼치고, 아침에 일어나면 나에게 주어진 일터로 나아가게 한다. 21세기, 성찰적 민주주의 하에서 우리가 이뤄갈 정의롭고 따뜻한 공동체, 스마트한 국가를 마음에 품고.

_ **김정훈**, 독자(행정학 박사)

프롤로그

　대한민국은 어디로 가고 있는가?

———————————————— 실로 위기의 시대이다. 격
변의 시대이기도 하며, 또한 상실의 시대이기도 하다.

　대한민국 헌법재판소는 2017년 3월 10일 헌정사상 최초로 박
근혜 대통령 파면 결정을 선고했다. "박 전 대통령에 대한 파면
결정은 자유민주적 기본질서를 기반으로 한 헌법질서를 수호하
기 위한 것"이라며 "우리와 우리 자손이 살아가야 할 대한민국
에서 정의를 바로 세우고 비선조직의 국정개입, 대통령의 권한
남용, 정경유착과 같은 정치적 폐습을 청산하기 위한 것"이라고
발표했다.

브렉시트, 트럼프 미국 대통령 당선 등으로 국제정세는 급변하고 있고 경제상황은 날로 어렵기만 한데, 우리나라에서 탄핵사태를 둘러싸고 최근 벌어지고 있는 촛불과 태극기의 극한 대립과 투쟁은 대한민국의 앞날을 더욱 어둡게 만들고 있다.

하지만 오늘의 선고는 우리나라 헌법질서의 제도적 틀 안에서 이루어진 최종 결정이다. 자유민주주의 기본질서를 수용한다면 이제는 그동안의 거칠었던 광장의 목소리를 거두고 모두가 일상으로 돌아가서 다시 대한민국의 새로운 미래를 만들어가야 할 때이다.

그렇지 않아도 사드THAAD 문제, 양극화, 저출산, 구조조정, 청년 실업, 저성장 국면 등 안을 들여다보면 민생문제가 산적해 있었던 상황이지 않은가. 어떻게 보면 우리의 문제는 마치 난마亂麻처럼 얽혀 있어 출구가 보이지 않는 것처럼 느껴지기도 한다.

이 책자는 이러한 맥락에서 현재 대한민국이 처하고 있는 위기 상황을 냉철하게 진단하고 새로운 차기정부에서 풀어나가야 할 국정청사진을 제시하고자 한다. 그리하여 이번 국정농단 사태를 소수의 게이트 혹은 권력형 비리문제로만 접근할 게 아니라, 왜 이러한 일들이 일어날 수밖에 없었는지 우리의 모순과 문제점들을 냉정하게 진단해 봄으로써 그동안 우리나라가 안고 있었던 법, 제도, 관행, 의식 등의 모순과 문제점을 청산하는 계기로 삼고자 한다. 이를 통해 차기 정부에서는 새로운 대한민국의 정의와 자유민주주의적 기본질서를 굳건하게 바로 세우는 새로운 패러다임을 열수 있도록 새로운 정부모형과 정책청사진을 제안하고자 한다.

지금 한국은 어디에 서 있는가?

문제진단
· 위기의 시대Age of turbulence, Age of vortex
· 표류하고 있는 대한민국
· 이번 기회에 많은 것을 바꾸어야 한다
· 법, 제도, 관행, 의식
· 정부 운영시스템의 변화

정부의 역할
· 사고의 전환
· 제도설계 및 디자인
· 창조적 경쟁력 창출
· 국정운영시스템, 정부의 제도적 설계 필요

지금까지 그래왔듯이, 앞으로도 대한민국은 잘 해나가리라 믿는다.

영국기자 마이클 브린도 언급했듯이, 우리나라는 세계 10위권의 경제대국, 인터넷, 스마트TV, 초고속통신망이 세계에서 최고인 나라, 전자정부, 인천공항, 지하철 평가가 세계 1위인 나라, 세계로 뻗어나가는 음악, 드라마 등으로 글로벌하게 문화적으로 뻗어 나가는 나라다. 우리 민족은 교육수준이 세계 최고이며, 똑똑하고 슬기로우며, 무엇보다도 자아 성찰적이다. 그 엄청난 분노와 허탈감 속에 100만 명이 촛불행진을 펼치면서도, 평화롭고 질서정연하게 민주적 시민역량을 세계만방에 보여주는 나라이다.

이 작은 책자는 이러한 대한민국의 저력에 대한 믿음하에 쓰였다. 정치4.0, 산업4.0, 자본4.0, 시민4.0을 하나로 엮어 정부4.0으로 뒷받침하고자 한다.

크게 보면 정치의 축과 경제의 축이 있다. 정치의 축은 법과 제도를 통한 민주주의를 실현하는 것이며, 공정성과 정의를 구현함으로써 공동체 회복과 희망의 사다리를 복원하는 것이다. 경제의 축은 4차 산업혁명을 풀뿌리로부터 신속하게 전국적으로 확산함으로써 미래의 신성장 동력을 창출하는 것이다. 일부 전자정부, 정보공개, 행정서비스 품질제고의 차원에만 머무르는 행정서비스 차원의 협소한 정부모형인 기존의 정부3.0에서와는 달리, 정부4.0은 한편으로는 외교안보통일 문제를, 또 다른 한편으로는 교육복지산업 문제를 모니터링하고 평가해야 한다. 이를 통해 정부(혹은 대통령)의 정책과제들이 취임 초기 본래 목적한 국정철학에 맞게 집행되고 있는지를 일관되게 살펴봄으로써 정부의 투명성과 책임성을 재고해야 한다. 본서에서는 이를 정부혁명4.0이라고 명명하였다.

이는 대한민국의 미래를 보다 더 크게, 더 밝게 만드는 국가재창조Re-Build의 청사진이 될 것이다. 지혜롭고 강력한 국정 리더십, 개혁의지, 구조개혁의 청사진, 그리고 이를 뒷받침하는 국회와 정치권의 리더십, 협치 등이 조화를 이룬다면 대한민국의 미래는 더 크게 빛날 것이라 믿는다.

차례

CHAPTER 1 대한민국, 어디로 가고 있는가?

CHAPTER 2 정책학의 지혜

CHAPTER 3 정치혁명4.0

CHAPTER 4 산업혁명4.0

CHAPTER 5

자본혁명4.0과 시민혁명4.0

CHAPTER 6

정부혁명4.0

7

CHAPTER

정부4.0 패러다임 실행을 위한 실행전략: Action Agenda

8

CHAPTER

정리 및 요약: 종합적 정책제언

대한민국,
어디로
가고 있는가?

우리가 살아가고 있는 바로 지금 이 시대는 역사상 전례 없는 정치경제적 위기를 맞고 있다. 이러한 시대적 상황 속에서, 대한민국이 지향해야 하는 목표는 무엇이며, 이를 달성하기 위해 우리는 어떤 구조적 개혁, 리더십, 정책이 필요한가?

본서에서는 대한민국 국가혁신 패러다임으로 정치4.0, 산업4.0, 자본4.0, 시민4.0을 하나로 엮는 '정부 4.0(Government 4.0)'을 제시하고자 하며, 이러한 패러다임을 정치 구조적 개혁과 리더십, 정책의 문제로 풀어 보고자 한다.

대한민국의
위기

　현재 대한민국은 저성장 시대에 진입하면서 성장엔진이 힘을
잃어가고 있으며, 곳곳에서는 희망의 사다리가 무너지고 있다.
특히 1) 경제상황 악화 2) 산업 및 인구구조 악화 3) 사회적 불
평등 및 공동체의 붕괴 등으로 이어지는 삼중고三重苦에 우리는
직면하게 되었다.

　첫째, 경제위기로 최근 맥킨지McKinsey Global Institute가 발표한
보고[1]에 따르면, 향후 50년간 세계경제 연평균 GDP성장률은 기
존 3.8%에서 2.1%로 약 40% 둔화될 것으로 추정되며, 이러한
뉴노멀New Normal의 저성장 기조는 보편적으로 정착될 전망이

다. 또한 국내적으로도 KDI에서 발간한 『한국의 장기 거시경제 변수 전망』을 살펴보면, 향후 최고점 3.6% 수준에서 점차 잠재성장률이 하락하고, 2050년 1% 내외를 기록하는 장기 불황의 시대를 맞게 될 것으로 예상된다. 말하자면, 이제 한국경제는 저성장 국면이 일반화되는 시대를 대비해야 하는 것이다.

둘째, 대한민국 정부가 2015년 2월 발표한 보고서 『제3차 저출산·고령사회 기본계획 수립방향』에서는 2017년부터 15~64세의 생산인구가 감소하기 시작하고, 2030년부터 총인구 감소가 시작될 것으로 전망한다.

셋째, 사회적으로 양극화와 불평등의 수준이 임계점에 도달하고 있다. 특히 학력, 노동, 소득 등의 양극화가 심화되고 있는 상황이다. 실제 국제통화기금(IMF)의 『아시아의 불평등 분석』 보고서에 따르면 한국의 소득 상위 10%가 전체 소득에서 차지하는 비중은 2015년 기준 45%로, 자료를 확보할 수 있는 아시아 국가 가운데 최고를 기록하고 있다. 또한, 경제협력개발기구(OECD)가 발표한 국가별 빈곤율 통계지표를 보면 한국의 노인 빈곤율은 2015년 말 기준으로 48.5%에 달하는데, 이는 OECD 회원국의 평균 10.5%에 비해 다섯 배 높은, 압도적 수준에 해당한다.

대한민국의 위기

· 저성장의 시대: 대한민국의 성장엔진이 꺼지고 있음
(전 세계 앞으로 50~100년 뉴노멀 시대, KDI 장기전망: 2~3% 이하, 2050년 0%, 장기불황)
· 양극화, 불평등 심화 → 희망의 사다리가 무너지고 있음
(학력, 노동, 소득 등의 양극화 심화, 상위 10% 소득비중이 45%, 노인빈곤율 48.5%, OECD 1위,
지니계수/ER계수 악화)
· 2017, 생산인구 감소 2030, 총인구 감소
  1) 경제상황악화, 2) 인구구조악화, 3) 산업구조 악화: 三重苦
· 구체제 청산 → 법치의 확립, 제도개혁의 기회(재벌중심 경제체제개혁, 정치검찰 개혁 등)
· 분권형 국정운영 → 5년 단임 제왕적 대통령제, 승자독식 선거제도,
  정책정당제도 구축(글로벌화)
· 산업구조조정 개편 급속도로 진행 → 제4차 산업혁명의 신속한 확산

· 안보위기, 공동체 붕괴 → 정치의 축
· 경제성장, 경제정의 문제 → 경제의 축
· 자유, 법치, 공정성, 정의 등 성찰 필요함
· 성장동력을 유지하면서 어떻게 공동체의 건강성을 회복할 것인가?
(안보강화, 경제혁신 → 속도SPEED, 방향DIRECTION)

〈그림 1-1〉 대한민국의 위기

2

대한민국
대혁신

그렇다면 우리는 어떻게 해야 하는가?

대한민국이 직면한 현재의 위기상황을 극복하며 미래의 쟁점을 선도해 나가기 위해서는, 정부의 역할이 필요하다. 이를 위해서는 대한민국의 국가대혁신이 필요하며, 정부는 미래의 핵심 쟁점과 이슈에 대해 선도적으로 관리하는 등 전략적인 접근을 해야 한다. 본서에서는 이를 산업4.0, 정치4.0, 자본4.0, 시민4.0 등으로 풀어가고자 하며, 이를 총체적으로 뒷받침하는 역할로 정부4.0을 제시하고자 한다.

3

본서의
논의구조

본서의 논의순서는 다음과 같다.

프롤로그에 이어, 먼저 제2장에서는 정책학의 지혜에 대해서 논술하고자 한다. 정책학이 어떤 목적으로 성립된 학문인지, 추구하는 이상과 철학이 무엇인지를 살펴봄으로써 본서에서 논구하고자 하는 국가혁신의 청사진을 마련하는 데 주춧돌로 삼고자 한다.

제3장에서는 정치4.0에 대해서 논술한다. 정책에서 구현하려는 이상이 왜 정치의 힘을 통해 구현되어야 하는지 서술하고자

한다. 이어서 공동체 민주주의, 협치, 협력적 거버넌스를 구현함에 있어서 스웨덴, 아일랜드, 독일에서는 어떤 구조개혁과 리더십이 있었는지를 살펴본다. 아울러 싱가포르 사례 등을 통해 어떤 의식개혁이 필요한지를 살펴본다. 개혁과 리더십은 창조적 의식개혁을 실현시킨다는 공식으로 본서는 접근하고자 한다.

특히 유럽사례를 통해 지금 우리나라에서 긴요한 사회적 대타협은 어떻게 가능하게 되었는지, 신성장 동력을 어떻게 발생시켰는지, 이들을 가능케 만든 협치와 소통, 통합의 리더십은 어떻게 가능했는지를 살펴본다. 정확한 구조적 개혁과 실행체계가 결국 정답이라는 점을 강조하려고 하며, 이는 기구와 의지의 문제이다. 이러한 논점들을 참조하여 더 밝고 더 큰 대한민국을 만드는 청사진을 설계하고자 한다.

제4장에서는 산업4.0에 대해서 논술한다. 세계는 어떻게 변하고 있는지, 새로 대두되는 신기술들은 무엇이며, 글로벌 기업들은 어떤 전략으로 임하고 있는지, 우리의 경쟁국가, 미국, 독일 등에서는 어떤 일들이 발생하고 있는지를 살펴봄으로써 대한민국의 전략과 대책에 도움을 받으려 한다.

제5장에서는 자본4.0과 시민4.0에 대해서 논술한다. 자본4.0
이란 무엇인지, 우리나라에서는 자본과 시민의 역사가 어떻게
흘러왔는지를 살펴봄으로써 현재 우리에게 필요한 자본모형과
시민모형은 무엇인지를 궁구하고자 한다.

제6장에서는 정부4.0에 대해서 논술한다. 정부모형에 대한
마크 무어 교수의 논증을 토대로 정부3.0에 대해 비판적으로 고
찰하고자 한다. 이어 이러한 문제점을 보완 혹은 극복하기 위해
서 진화해야 할 정부모형에 대해서 논구한다.

제7장과 8장은 정치4.0, 산업4.0, 자본4.0, 시민4.0, 정부4.0
을 총체적으로 실현하기 위해 필요한 실행 아젠다Action Agenda를
모아서 정책제언 형식으로 제시하였다.

이러한 논의순서에 따른 본서의 논의구조는 다음과 같다.

첫째, 국가혁신의 청사진으로써 정치4.0, 산업4.0, 자본4.0,
시민4.0을 제시하고, 이를 정부혁신4.0으로 뒷받침한다.

둘째, 창조적 의식개혁과, 협치와 소통의 국정리더십이 중요
하다.

셋째, 창조적 의식개혁을 위해 세 가지 핵심변수로는 국정리더십, 구조개혁, 정책전략을 들 수 있다.

넷째, 협치와 소통의 국정리더십은 사회적 대타협을 통해 정치4.0을 실현하고, 신성장 동력과 4차 산업혁명을 통해 산업4.0을 실현시켜야 한다.

다섯째, 국정리더십이 효과를 발휘하려면 구조개혁을 위한 기구의 설치와 의지의 문제가 중요하다. 이는 스웨덴, 아일랜드, 독일 등 많은 선진유럽의 사례를 통해 논증할 수 있다.

대한민국 국가재창조 청사진: NEXT PRESIDENTIAL AGENDA 4.0

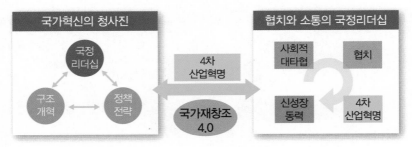

2

정책학의
지혜

NEXT PRESIDENTIAL AGENDA 4.0

정책의 품격²

정책에도 품격이 있다. 정책의 품격品格이란, 정책의 좋고 나쁨의 정도를 의미하며, 정책의 성공 이면에는 반드시 그 정책이 성공할 수밖에 없었던 내재된 "인자"가 존재한다. 즉, 정책에도 품品과 질質이 있다. 정책의 '품'은 근본적 의미Fundamental Connotation의 성품Nature에 해당되며, 정책의 '질'은 기술적 의미 Technical Connotation의 외양Technicality에 해당된다.³ 정책의 품격品格을 고양시키기 위해서는 다음과 같은 질문들에 답할 수 있어야 한다.

첫째, 국가의 보다 높은 차원과 수준의 가치를 보호하고 고양하는 정책인가?

둘째, 현대의 흐름과 시대정신에 부합하는 정책인가?

셋째, 국민 개개인이 시대의 변화와 요구, 새로운 상황과 문제에 빠르고 효과적으로 적응하기 위해 각자가 적절한 대응책을 모색해 갈 수 있는 방안을 지원하고 있는가?

넷째, 국민을 잠재적 범법자, 또는 자율능력 미숙자로 보아 국민의 자유와 권리를 침해하면서 일방적으로 지도하고 통제해 나가려고 하고 있지는 않은가?

다섯째, 국정지도자는 언제라도 발생할 수 있는 정책의 실패나 오류를 즉각 시인하고, 문제점을 찾아 해당 정책을 가차 없이 수정하거나 폐지할 마음의 준비가 되어 있는가? 즉, 국정지도자의 자세가 분명하고, 책임질 준비가 되어있는가?

정책 성공의 '인자'

* 정책의 '품': 근복적 의미로서 성품Nature

* 정책의 '격': 기술적 의미로서 외양Technicality

정책의 품격에 해당하는 본질적 질문

첫째, 국가의 높은 차원과 수준의 가치를 보호하고 고양하는 정책인가?

둘째, 현대의 흐름과 시대 정신에 부합하는 정책인가?

셋째, 국민 개개인에 대한 지원 방안을 담고 있는가?

넷째, 국민을 잠재적 범죄자로 다루고 있진 않은가?

다섯째, 국정지도자의 자세는 분명하고 책임질 준비는 되어 있는가?

〈그림 2-1〉 정책의 품격

정책의 이상

정책에도 이상이 있다. 정책학은 라스웰H. Lasswell, 1951에 의해서 정립된 학문인데, 그는 정책학의 이상을 민주주의의 완성, 즉 인간의 존엄성 실현이라고 보았다. 편협한 실증주의가 아닌, 가치와 사실을 고려하는 종합적 실증주의로써, 과학적 방법을 토대로 인간의 존엄성을 실현하려는 학문이 정책학이다. 또한, 인간이라는 유기체가 환경에 적응해 가는 모든 과정을 탐구로 보고, 인간 사회를 좀 더 나은 방향으로 진보시키는 것이 바로 정책학의 목표라고 보았다(J. Dewey, 1916, 1920, 1940).

1) 정책학은 사회공동체에 대한 이상理想을 강조한다

정책학은 사회공동체에 대한 이상理想을 강조한다. 미래에 대한 탐구를 강조하고 미래에 대한 공동체의 꿈과 이상의 실현을 강조한다. 그리고 그러한 이상은 인간의 부단한 실천적 이성의 산물인 지식과 탐구 그리고 정책을 통해 실현 가능하게 된다.

사회공동체에 대한 이상의 추구는 사회과학의 목표이기도 하다. 하버마스는 18세기 말 계몽주의 철학자들이 추구했었던 자유, 평등, 박애를 실현하는 '미완의 기획Unfinished Project'이 현대에서도 계승되어야 한다고 주장한다. 그들에 의해 추진되었던 '사회적 비전과 꿈Social Vision & Dream'으로서의 프로젝트는 그동안 인류가 자본주의와 공산주의 진영으로 나뉘어 다투는 동안 실종되었다는 것이다. 정책학의 정신도 그러하다. 정책학이 인간의 존엄성과 실천적 이성을 강조하는 이유도 우리 공동체를 좀 더 완성시켜 지혜와 덕행이 구비된 성숙한 공동체를 실현시키고 싶은 정책학적 꿈과 이상이 있기 때문이다.

2) 정책학은 인간의 존엄성을 지향한다

정책학은 인간의 존엄성을 지향한다. 라스웰H. Lasswell은 제2차 세계대전에서 일본 히로시마와 나가사키에 원자폭탄을 투하

NEXT PRESIDENTIAL AGENDA 4.0

정책학: 인간의 존엄성 실현시키기 위한 과학적 학문

H. Lasswell: 인도주의, 실용주의의 결합을 통해 탄생한 민주주의 정책학

정책의 키워드는 '미래'와 '공동체'

1) 정책은 미래에 대한 공동체의 꿈과 이상을 실현하는 것
   : 꿈과 이상은 지식과 탐구, 정책을 통해 실현 가능

정책학이 인간의 존엄성을 강조하는 이유
"지혜와 덕행이 구비된 성찰적 공동체를 실현시키려는
정책학적 꿈과 이상이 있기 때문"

〈그림 2-2〉 정책의 이상(Ⅰ)

한 미국의 정책결정에 충격을 받고, 인도주의에 입각한 학문적
패러다임을 제창하게 되었다. 그것이 민주주의 정책학의 탄생배
경이다.

3) 정책학은 실천적 이성을 강조한다

정책학은 실천적 이성을 강조한다. 실천적 이성practical reason이
란, 민주사회 시민이라면 누구나 가지는 사회공동체의 공공선과
보다 창조적인 미래를 추구하는 인간 내면에 존재하는 보편적인
인간의지를 말한다(Charles Anderson, 1993: 223).

찰스 앤더슨Charles Anderson(1993: 215-227)은 인간행위의 이성을

설명하는 세 가지 기준을 설명했는데, 그것은 1) 공리주의적 경제기준utilitarian calculation, 2) 자유주의적 정치기준liberal rationalism, 3) 실천적 이성에 기초한 숙의 민주주의 정책기준practical reason and deliberative democracy이다. 여기에서 중요한 논점은, 우리는 협소한 공리주의적 기준, 단순한 자유주의적 기준을 넘어서 대화와 토론을 통해 공동선을 추구해 나가는 것이 필요하다는 것이다. 그것이 공화제 민주주의의 핵심 사상이다.

2) 정책은 인간의 존엄성을 지향
   : 인간의 존엄성은 국가의 존엄성을 넘어서는 인류공동체적인 휴머니즘과 존엄성을 의미

3) 정책은 실천적 이성理性을 강조

Charles Anderson

| 1 공리주의적 경제모형 | 2 자유주의적 정치모형 | 3 민주주의 정책모형 |

   : 실천적 이성이란 공동체의 공공선과 창조적 미래를 추구하는 인간의 보편적 의지를 의미

〈그림 2-3〉 정책의 이상(Ⅱ)

4) 정책학은 정책대상집단을 배려配慮하는 가슴 따뜻한 학문이다

정책학은 태동 자체가 인간의 존엄성이라는 가치를 명시적으

로 표방하면서 탄생되었다. 즉, 정책학은 정책이 시행되는 정책 대상집단과의 '소통communication'과 '배려consideration'를 특히 강조하는 가슴 따뜻한 학문이다.

잉그램, 슈나이더, 디레온Ingram, Schneider, deLeon(2007)이 제시한 사회적 구성이론social construction theory에 의하면 "정책대상집단은 정책의 적용을 받는 집단으로, 이미 정해진 집단이 아니라 정책 결정과정을 통해 해석되고 규정되어지는 집단"이라고 본다. 한국의 정책연구에 있어서도 해당 정책의 수혜그룹 수혜집단, 혹은 의존집단과 비수혜그룹 주장집단, 혹은 이탈집단을 구분하여 분석할 필요가 있다. 즉, 효율성 분석 이전에 정책수요 측면에서 정책대상집단의 수요needs에 부응하는 적합성에 대한 분석이 중요하게 고려되어야 하고, 이러한 정책수요분석에 있어서 정책 결정자가 견지해야 할 핵심가치는 성찰성이 되어야 할 것이다(문상호·권기헌, 2009: 8-9).

이렇게 볼 때 정책학의 분석기준 세 가지를 제시하자면, 1) 정책의 수요분석: 정책대상집단의 수요에 기반을 둔 정책설계인가 2) 정책의 공급분석: 정책동기의 공익성과 소외집단에 대한 배려가 있는가 3) 그리고 정책의 거버넌스 분석: 정책대상집단의 자각적 시민의식의 성숙과 민주적 정책네트워크에 대한 참여가 이루어지고 있는가로 정리할 수 있겠다(문상호 · 권기헌, 2009: 14-16)[4].

> 4) 정책은 정책대상집단을 배려記慮하는 가슴 따뜻한 학문

> 인간 존엄성 실현 조건
> ① 정책의 수요 분석: 정책집단의 수요에 기반한 정책 설계
> ② 정책의 공급분석: 정책동기의 공익성과 소외집단에 대한 배려
> ③ 정책의 거버넌스 분석: 시민과 정부 상호간 거버넌스적 네트워크 분석

〈그림 2-4〉 정책의 이상(Ⅲ)

5) 정책학은 민주주의의 완성을 추구한다

정책학은 오랜 역사와 짧은 과거Long history but short past를 가진 학문이다(deLeon, 1994: 77). 지배자를 위한 정책자문의 역사는 길었으나, 민주주의 정책학의 역사는 라스웰Lasswell이 표방한 1951년 이후이므로 그렇게 길지 않다(허범, 2002: 293).

민주주의라 함은 절차적 측면과 내용적 측면이 포함된다. 민주주의의 제도와 절차가 구비되었다고 해서, 내용과 실질적 측면까지 민주주의가 성숙된 것은 아니다. 정치적 선거로써의 제도나, 법적 요건 이외에 상대방에 대한 배려, 공동체에 대한 배

NEXT PRESIDENTIAL AGENDA 4.0

려와 마음이 있을 때 우리 사회는 한 단계 더 성숙해질 수 있다.

1987년 이후, 우리나라도 대통령을 선거로 뽑는 등, 정치적 제도로써의 민주주의는 지켜지고 있지만, 내용이나 철학적 측면에서의 민주주의가 성숙되었는지는 의문이다. 최장집 교수는 이러한 우리나라의 과제를 '민주화 이후의 민주주의'라고 표현한 바 있지만, 필자는 민주주의의 완성을 위한 우리의 과제를 '성찰적 민주주의reflexive democracy'라고 보았다. 즉, 절차적 민주주의procedural democracy가 내용적 측면에서까지 꽃핀 상태인 성찰적 민주주의reflexive democracy가 되기 위해서는 공화제 민주주의가 주창하는 바와 같이, 공공선, 공동체에 대한 관심과 배려가 지금보다 더 증진될 필요가 있다.

생각건대, 성찰적 민주주의는 공화제 민주주의보다 좀 더 확장된 개념이다. 공화제 민주주의는 자유, 법치, 공공선, 시민의 덕성을 강조하는 제도적 개념이라면, 성찰적 민주주의는 여기에 더하여 개인과 공동체의 성찰, 즉 정신적 성찰과 의식의 문제까지 포함하고 있다. 정치과정에서의 입법화 등을 통해 소득격차의 해소, 공교육의 증대, 공적 안전망의 강화, 숙의 민주주의 등이 이루어지고, 시민교육의 강화 등을 통해 개인과 공동체에서의 시민의 덕성을 키워 나가려는 노력이 병행될 때 민주주의의 완성에 한 걸음 더 다가갈 수 있다고 보는 것이다.

공교육의 강화, 소득격차의 해소, 사회보장제도 등 사회적 안전망 강화, 시민사회 인프라 강화 등 우리사회의 공동체를 좀 더 건강하게 만들려는 노력이 요긴하다고 하겠다.

5) 정책은 민주주의의 완성을 추구

: 민주주의 정책학의 완성을 위해서는 절차적 측면(제도민주주의)과 내용적 측면 (상대방에 대한 배려와 성찰)

민주주의 완성을 위한 과제

민주주의 정책학의 완성: 성찰적 공동체의 실현을 위해서는 공동체민주주의 필요(공교육 강화, 사회보장제도, 사회안전망 강화, 시민사회 인프라 강화)

〈그림 2-5〉 정책의 이상(Ⅳ)

3

정책학의
시대정신은
무엇인가

안병영 교수(2005)는 한국의 공동체의식은 국가형성기(1948~1961), 권위주위적 발전기(1961~1988)와 민주국가 이행기(1988~1998)를 거쳐 국가재편기(1998 이후~)로 진입하는 단계에 이르렀다고 분석한다.[5] 한국의 정책대상집단시민, 기업, 시민사회은 민주국가 이행기(1988~1998)를 성공적으로 체험하면서 민주성과 관련된 의식수준이 많이 성장하였다. 권위주의적 발전국가의 정책가치가 상명하달top-down식의 일방적인 '효율성'이라면 민주국가 이행기(1988~1998)의 시대정신은 '민주성'이었다고 할 수 있다.

그럼, 이제 국가재편기(1998 이후~)의 "한국적 정책학의 정책가치政策價値와 시대정신時代精神은 무엇이 될 것인가?"[6]

최근 우리나라의 사회문제(복지와 민생)

* 양극화와 중산층의 붕괴, 저출산과 탈출 심리
* 고용, 주택, 보육 등 민생경제의 총체적 불안
  → 공동체의 붕괴, 좌절과 실의, 희망의 사다리가 무너짐

한국 공동체의식의 변화(안병영 교수)

국가형성기(1948~1961)

권위주의적 발전기(1961~1988): 정책가치는 Top-down 식의 일방적 '효율성'

민주국가 이행기(1988~1998): 시대정신은 '민주성'

국가재편기(1988 이후): 한국 정책학의 정책가치와 시대정신은 '성찰성' '공동체 복원'

〈그림 2-6〉 한국 공동체의식의 변화

1) 성숙한 민주주의: 공동체 민주주의(정치혁신4.0)

첫째, 성숙한 민주주의이다. 이는 민주화 이후의 민주주의로, 제도와 절차로써의 민주주의만이 아닌, 보다 우리 생활주변과 일상생활의 공동체에서 적용될 수 있는 실질적 내용으로써의 공동체 민주주의를 의미한다. 거대 담론과 같은 정치적 구호, 선거와 같은 제도적 민주주의만이 아닌, 우리의 삶과 관련된 건강한 공동체의 복원이 요구된다. 그러기 위해서는 공화제 민주주의의 실현이 필요한 바, 정치권은 양극화와 불평등이 심화되

NEXT PRESIDENTIAL AGENDA 4.0

고 중산층이 급속히 붕괴되어 가고 있는 우리의 현실을 어떤 대안을 통해 해결해 나갈지에 대해 고민해야 한다. 성숙한 공동체 민주주의의 활성화를 통해 어떻게 하면 따뜻한 공동체의 건강성을 회복할 것인지에 대해 숙고해야 한다.

2) 성숙한 자본주의: 소득격차의 해소(경제혁신4.0)

둘째, 성숙한 자본주의이다. 지난 몇십 년 동안 우리나라는 산업화, 수출주도, 고도성장이라는 '경제성장제일주의'의 이념 속에서 앞을 향해서만 질주해 왔다. 서민층에 속하는 국민들은 국민소득이 1만 불에서 2만 불 정도로 증가함에 따라 국민의 체감 행복도도 올라갈 것이라 기대하고 있었다. 그러나 서민들의 생활 형편이 나아지기는커녕, 양극화와 중산층 붕괴 속에서 서민 생활고와 상대적 박탈감은 급증하고 있다. 외고, 국제고, 로스쿨 입시제도 등에서 보듯이 강남과 강북, 가진 자와 못 가진 자의 자녀교육 기회제공에 대한 격차는 날로 커져만 가고 있다. 이에 서민들의 가슴은 멍들고 시름은 날로 깊어져 가고 있다. 갑과 을의 폐해를 극복하기 위한 법제도적 장치를 강구해야 한다. 한편, 따뜻함과 배려의 정책을 통해 상생발전과 공생발전을 촉진하는 정책이 필요하다.

3) 성숙한 시민의식: 삶에 대한 품격 있는 자세, 성찰(시민4.0)

셋째, 성숙한 시민의식의 강화로 더 큰 관점에서의 시각이 필요하다. 즉, 삶에 대한 품격 있는 자세로서의 성찰이 필요한 것이다. 단순한 좌편향도 우편향도 아니다. 진정성 있는 의식과 삶에 대한 책임 있는 자세, 즉 덕德이 필요한 때이다. 정부는 시민들의 덕성 함양을 위한 정책과 프로그램을 더욱 개발해야 하고, 시민들은 도덕성과 품격이 높은 지도자를 선택해야 한다. 시민의 덕성은 공화제 민주주의의 핵심이다.

우리 사회도 이젠 다원주의가 심화됨에 따라 부문별 지역, 세대, 계층 이기주의가 극심해졌고, 이에 따라 갈등 분출도 심화되었다. 정부, 국민 할 것 없이 각자가 제자리에서 성찰하고 반성하며, 진정성 있는 삶의 자세가 요구된다. 정부와 정치만 탓할 것도 없다. 우리 모두의 의식이 한차례 더 각성되고 성숙할 수 있을 때 우리 국가의 품격品格도 비로소 한 단계 더 격상될 수 있을 것이다.

한국 정책학의 시대 정신

1) 성숙한 민주주의가 요구: 공동체 민주주의(정치혁신4.0)
· 절차적 민주주의를 넘어서 내용면에서 성숙한 공동체 민주주의가 요구됨

2) 성숙한 자본주의가 요구: 소득격차의 해소(경제혁신4.0)
· 갑과 을의 폐해 극복, 공정한 게임
· 따뜻함과 배려의 정책: 상생발전과 공생발전을 촉진하는 정책 필요
· 소외 받은 정책대상집단을 배려하는 정책 필요

3) 삶에 대한 품격 있는 자세, 성찰이 요구: 시민의식의 강화(시민혁신4.0)
· 진정성 있는 의식과 삶에 대한 책임 있는 자세, 덕德이 필요
· 지도자의 덕성 함양 필요 또는 선택의 문제
· 시민의 덕성 함양 정책과 프로그램 필요: 시민의 덕성은 공동체 민주주의의 핵심

〈그림 2-7〉 한국 정책학의 시대정신

4

좋은 정책이란
무엇인가

논어 위정편에 보면, 공자는 다음과 같이 말한다. "(작위적인) 정치로만 인도하고 형벌로 다스리려 한다면 백성들은 형벌을 면하려고 할 뿐, 부끄러움이 없게 된다. 덕으로 인도하고 예절로써 다스려야만 백성 스스로 부끄러움을 알고 바로잡으며 품격을 유지할 것이다 子曰 道之以政 齊之以刑 民免而無恥 道之以德 齊之以禮 有恥且格(논어 위정)."

또한 공자는 "정치는 덕으로 하는 것이다. 비유하자면, 북극성이 제자리를 지키고 있으나 모든 별이 그를 받드는 것과 같다 子曰 爲政以德, 譬如北辰居其所 而衆星共之."라고 말했다(논어 위정).

NEXT PRESIDENTIAL AGENDA 4.0

좋은 정책이란 무엇인가. 앞에서 논의한 정책의 품격品格과 시대정신에 대한 고민을 토대로, 좋은 정책의 기준을 한번 고려해보자.

- 인간의 존엄에 기여하는 정책
- 사회적 약자를 보호하는 정책
- 미래의 희망을 약속하는 정책

사회적 약자 보호의 문제는 건강한 공동체를 만들어가기 위한 요소로서, 분배와 정의에 관해 고민하는 공동체적 가치의 요소이다. 반면, 미래의 희망(번영)에 대한 고민은 개인의 자유주의적 가치와 경쟁의 요소 그리고 국가의 경쟁력이라는 문제 속에서 재정건전성을 고민하는 문제이다. 이는 사회적 분배와 복지적 요소가 너무 한쪽으로만 치우치지 않도록 작동하는 균형추 역할을 해야 한다는 것을 의미한다.

사회적 약자 보호와 미래의 경쟁력 가치, 이 둘은 시대적 가치, 시대적 정신, 국민의 욕구Needs에 따라 정반합正反合의 원리 속에서 사회 발전을 이끄는 양대 축으로 작동해 왔지만, 지금 이 순간은 사회적 약자 보호와 공동체 배려에 대한 고민이 좀 더 필요한 시점이다.

그것은 앞에서도 여러 번 언급했듯이, 지금 우리나라의 공동체는 병들어 가고 있기 때문이다. 중산층의 붕괴, 양극화의 심화, 청년 실업으로 인한 고통 등이 일정 수준을 넘어 폭발 직전에 이르렀다고 해도 과언이 아닐 정도이다. 지금이야말로 정치권에서는 좀 더 소득격차의 완화, 공정한 게임룰의 정립, 중산층 복원을 위한 서민경제의 강화 등에 정책의 우선순위를 두어야 할 때이다.

정책 품격의 기준	인간의 존엄에 기여하는 정책(시민4.0)
	사회적 약자를 보호하는 정책(정치4.0)
	미래의 번영을 약속하는 정책(산업4.0)

사회적 약자 보호의 문제
· 분배와 정의에 관해 고민하는 공동체적 가치
· 양극화, 중산층의 붕괴 고려

미래 번영에 대한 고민
· 개인의 자유주의적 가치에 기반한 시장자본주의
· 국가의 경쟁력, 재정건전성 고려

국가 발전을 이끄는 양대 축: 자유 + 공동체
인간존엄성이라는 대전제에 귀결되어야 함

〈그림 2-8〉 정책의 품격: 좋은 정책이란?

NEXT PRESIDENTIAL AGENDA 4.0

5
국가의 위기

국가를 둘러싼 환경은 가히 총체적 위기 국면이라고 할 만하다. 세계경제는 재정위기 속에 장기 저성장 국면에 들어갔으며, 기후변화와 위험재난 속에 자원갈등과 기초물가는 폭등하고 있다. 양극화 심화와 함께 서민경제의 붕괴, 청년 실업과 일자리 창출 등 어느 하나 만만한 것이 없다. 보편적 복지의 논쟁 속에 재정건전성에 대한 압박도 점점 더 가중되고 있다. 우리 사회의 도덕적 해이moral hazard도 심각해지고 있다. 하지만, 이런 때일수록 근본根本으로 돌아가야 한다. 국가의 본질에 해당하는 도덕과 품격을 되새기고, 국가가 해야 할 일들에 대한 광범위한 합의 도출을 토대로 국가 정책의 우선순위에 대해 명료하게 깨어있어야 한다.

국가의 위기

총체적
위기
국면
· 안보위기, 경제위기, 인구위기
· 양극화 심화, 공동체 붕괴
· 청년실업, 일자리 창출
· 재정건전성 압박 가중

· 근본根本으로 돌아가 국가의 본질인 도덕과 품격
· 국가 정책의 우선순위에 대해 명료하게 깨어 있어야 함

〈그림 2-9〉 국가의 위기

대통령의 자질
: 좋은 리더란
무엇인가

6

애공이 공자에게 물었다.

"어떻게 해야 백성이 복종하겠습니까?"

공자께서 답하기를

"곧은 것(군자)을 들어다 굽은 것(소인) 위에 놓으면 백성들이 복

종할 것이며, 굽은 것을 들어다 곧은 것 위에다 놓으면 백성들

이 복종하지 않을 것입니다哀公問曰 何爲則民服 孔子對曰 擧直錯諸枉則民

服 擧枉錯 諸直則民不服(논어 위정)."

좋은 지도자란 백성의 이익을 자신의 이익처럼 챙겨 주는 리

더이다. 이런 리더가 천하를 다스리게 되면, 백성이 주인 대접

chapter 2 정책학의 지혜

: 61

을 받는 진정한 민주주의가 이루어지게 될 것이기 때문이다.[7]

    또한 좋은 지도자란, 국민들에게 진정성 있게 다가갈 수 있는 리더이기도 하다. 우리나라는 지금 양극화가 심화되고 중산층이 붕괴되면서 고용, 주택, 보육 등 서민생활의 안정 및 지원문제가 중요한 이슈로 대두되고 있다. 국민들의 아픔을 느끼고, 국가 비전의 큰 그림 속에서 국민에게 다가갈 수 있는 지도자가 필요하다.

    지금 대한민국은 국민들의 시대적 요구를 정확하게 꿰뚫어보고, 현실적 명민明敏함 속에서 국가의 미래까지 고려할 수 있는 지도자를 원한다. 글로벌한 감각을 지니면서 국제사회로의 더 큰 진출을 확보할 수 있는 능력, 강대국과의 관계 정립 속에서 남북통일의 물꼬를 트는 능력, 국내의 다양한 갈등을 관리하면서 민생의 아픔을 읽고 공동체 문제를 풀어가는 능력을 지닌 리더를 기다리고 있다. 국민의 행복幸福을 생각하고 대의大義를 생각하며, 원리원칙에 흔들리지 않는 철학과 덕행의 리더, 바로 덕행과 책임감이 높은, 덕德 있는 리더이다. 우리에게도 그런 도덕과 품격을 갖춘 지도자가 필요하다.

                                           NEXT PRESIDENTIAL AGENDA 4.0

국정지도자의 자질: 통합과 품격의 리더십

· 책임감 높은, 통합과 소통의 리더십
· 새로운 시대에 맞는 국정 지도자가 필요 → 통합 = 소통 + 판단력
 : 국민들의 시대적 요구를 꿰뚫고 대한민국을 재창조Re-Build할 수 있는 리더
  ex) 시대정신TIME: 통합(격차해소, 평화통일), 소통(협치, 연정)
 : 새로운 국가의 아키텍처: 정치4.0, 산업4.0, 정부4.0, 시민4.0
  ex) 독일: 사회적 시장경제라는 새로운 사회경제시스템 설계
       아데나워, 에르하르트, 헬무트 콜, 메르켈: 각자 시대마다 역할

〈그림 2-10〉 대통령의 자질: 통합과 소통의 리더십

새로운 대한민국을 여는 민주적 리더십

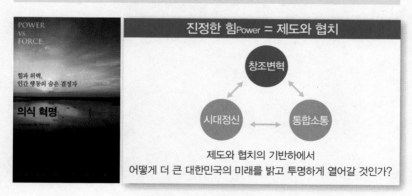

〈그림 2-11〉 새로운 대한민국을 여는 리더십

정치혁명4.0

정치 영향력
: 정치는 힘이 세다

정책학을 공부하면서 "정책은 이념이나 철학은 훌륭하지만 정치적 리더십이 받쳐주지 않으면 실효성이 없다"는 점을 느낀다. 아무리 좋은 정책을 입안했더라도, 정치적 힘이 뒷받침되지 않으면 입법화가 어렵고, 입법화되지 않으면 실행되지 않는다.

이에 반해, 정치는 힘이 세다. 대통령의 한마디, 국회의 의사결정, 정치리더의 결단 등은 힘이 세다. 또한 시민의 결집된 힘, 광장에서 표현된 국민의 목소리 역시 힘이 세다. 어느 한순간 정책의 구조와 결을 바꿔 놓을 수 있는 힘을 가지고 있다. 그렇다면, 좋은 정치 구조, 리더십, 그리고 좋은 거버넌스 구조를 갖

추는 일은 우리나라가 진정한 선진국으로 가기 위해 가장 먼저
풀어야 할 숙제인 것이다.

2

정치4.0
: 따뜻한 공동체의 복원

국가 전반에 팽배한 이기주의를 타파하고, 따뜻한 공동체, 정의로운 사회, 따뜻한 보수, 사회적 경제 가치를 창출하기 위한 사회적 가치를 추구하려면, 국민적 대타협을 이끌어 낼 수 있어야 한다. 즉 정치혁신이 필요한데, 이를 본서에서는 정치 4.0이라 부르고자 한다.[8]

정치4.0의 키워드로는 공화제, 성찰적 민주주의[9], 성찰적 공동체의 강화, 공교육, 사회보장제도, 사회안전망, 시민의식 강화 등을 들 수 있겠다. 그러나 무엇보다도 강조해야 하는 것은 우리나라 정치가 인간의 존엄성을 중요시하고, 사회적 약자를 배려하는 정치를 통해 올바른 방향성을 가져야 한다는 것이다.

최근 대한민국의 위기를 논함에 있어 가장 뼈아픈 문제점 중의 하나는 양극화의 심화, 공동체의 붕괴 등을 통해 '교육을 통한 희망의 사다리가 무너져 내리고 있다'라는 점이다. 정파적 이유에만 국한되어 비판을 위한 비판만을 하던 풍조에서 벗어나, 서로 다름을 인정하고 경청하며, 숙의할 수 있는 정치모형이 필요하다. 이는 실천적 이성을 기초로 한 숙의熟議 민주주의를 통해 성찰적 공동체를 복원시킨다는 것에서 그 방향을 찾아야 할 것이다.

스웨덴 에를란데르 총리는 마음을 열고 상대를 존중하는 자세로, 매주 목요일마다 그의 정적에 해당하는 야당총수, 혹은 노동계 수장들과의 미팅을 실행에 옮겼다. 진정한 소통과 고민을 담아 협치와 노·사·정 거버넌스를 구축한 것이다. 그 결과, 그는 전 국민 의료보험, 국민연금, 4주 휴가, 9년 무상교육, 100만 호 주택건설 등의 정치적 위업을 남겼으며, 국가를 '국민의 안전한 보호처, 따뜻한 가정'으로 느끼게 하였다.

3

정치는
바른 것이다

공자는 말한다.

"정치란 바른 것이다. 그리고 올바르게 해야 한다. 자신이 스스로 바르게 다스리면 누가 감히 바르지 않겠는가政者正也 子帥以正 孰敢不正(논어 안연)."

정치는 바른 것이다. 정치가 바르지 못하면 그 밑에 실행체계가 바르게 확립되지 못하고, 그렇게 되면 전체 국민의 민생이 힘들어지는 것이다. 국가의 상층부에 해당하는 국정 리더들이 바른 생각과 의지로 담론구조와 의사결정을 풀어 가지 않으면, 사회의 많은 실행구조와 전달체계, 그리고 그로부터 영향을 받는 국민들의 의식구조는 힘들어진다.

현재 대한민국은 힘들어하고 있다. 특히 양극화 속에서 민생에 시달리는 국민의 하위 계층은 희망을 잃은 채 아파하고 있다. 청년 실업, 비정규직, 알바문제 등의 구조적 현실 속에서 '희망의 사다리'는 점점 더 끊어져 가고 있다. 소득격차의 문제와 그로 인한 교육격차의 문제를 해결하지 못한다면 대한민국 정치의 미래는 희망이 없다고 해도 과언이 아니다.

한때 성장은 불평등을 자연스럽게 치유한다는 성장의 낙수효과, 쿠즈네츠의 인버스 U Inverse U 가설이 받아들여졌으나, 최근에는 토마스 피케티 Thomas Piketty 등의 학자들을 통해 특별한 노력이나 조치 없이 성장이 불평등을 치유하기는 어렵다는 사실이 밝혀지고 있다.

"기회의 평등만이 중요한가?"라는 논제에서 2015년 노벨평화상을 수상한 디턴 Deaton 교수는 지금과 같은 양극화 사회에서 기회의 평등만으로는 공정해지지 못한다고 단언한다. 기회의 평등과 결과의 평등을 놓고 어떤 균형선을 찾으며 함께 풀어 가려는 노력이 필요하다는 것이다.

기울어진 운동장을 평평하게 바로 잡으려는Leveling the play ground, '게임의 법칙Rule of the game'을 공정하게 만들려는 노력이 필요하다는 것이다. 가령, 100미터 단거리 경주에서 어떤 사람들은 이미 50, 70미터 앞에서 뛴다면, 제대로 된 경기라 할 수 있겠는가.

정책사례
: 그라민은행의 명과 암

최근, 비단 청년뿐 아니라 퇴직 후의 어른들마저 괴롭히는 우리사회의 근본적인 문제가 있습니다. 바로 일자리 문제입니다.

취직도 힘들고, 그렇다고 퇴직금으로 창업을 하자니 자본이 부족하고, 불경기 속에서 창업 실패 확률도 나날이 높아져 가고 말이죠. 그런데 가난한 사람들을 위해 돈을 빌려주는 은행이 있다면 어떨까요? 고리대금업자의 횡포에 시달리는 빈민들에게 담보 없이 돈을 빌려주는 은행이 있습니다.

바로 방글라데시의 그라민은행인데, 여기에서는 빈민구제 정책의 대표적인 사례로 손꼽히는 그라민은행을 통해 가난한 사람들을 위한 정책을 한번 살펴보겠습니다.

그라민은행의 탄생

그라민은행은 1976년에 설립된, 가난한 이들을 위한 소액대출 은행입니다.

그라민은행이 설립되던 당시, 방글라데시의 빈민층 대부분은 힘겹게 번 돈으로 고리대금업자에게 이자를 갚느라 고달픈 삶을 살고 있었습니다. 이를 본 치타공 대학교 경제학 교수, 무함마드 유누스는 은행을 찾아가서 왜 가난한 사람들에겐 돈을 빌려주지 않는지 물어봅니다. 돌아온 대답은 담보가 없기 때문이라는 것이었습니다.

사실 처음에는 유누스 역시 시골사람들이 할 줄 아는 건 밭일이나 막노동밖에 없다고 생각했습니다. 하지만 그들이 말해 준 사업계획을 듣고 깜짝 놀랐죠. 능력도 아이디어도 있는데, 돈과 밑천이 없어 잡일을 해야 했던 사람들이 태반이었던 겁니다.

유누스는 사재를 털어 마을과 은행을 오가며 그들에게 자금을 시험적으로 대출해 주고, 나아가 직접 은행을 설립했는데요. 그것이 바로 그라민은행입니다.

그라민은행은 무담보 소액대출, 소위 마이크로크레딧microcredit을 기본으로 하고 있는데, 150달러 미만의 돈을 담보와 신원보증 없이, 하위 25%의 사람에게만 대출 가능하도록 조건을 걸고, 낮은 이자로 돈을 빌려줍니다. 조금씩 오랜 기간 갚아나갈 수 있는 '무담보 소액대출'인 셈이죠.

그라민은행 마이크로크레딧 운동의 결과
이러한 그라민은행의 시도는 어떤 결과를 가져왔을까요? 구체적인 예를 한번 살펴보겠습니다.

방글라데시의 한 인력거꾼이 있습니다. 그는 하루 종일 일하고도 번 돈의 50~70% 이상을 인력거 대여비로 내야 하는 상황입니다.

그 바람에 식비, 집세도 감당하기 버거운 지경이니 저축은 생각도 할 수 없습니다. 유누스는 그에게 인력거를 사도록 돈을 빌려줍니다. 대여비를 안내고 두어 달만 저축하면 살 돈이라고 하고 말이죠.

또, 유누스는 한 구두닦이에게도 돈을 빌려줬습니다. 그 구두닦이의 처지도 인력거꾼과 다르지 않습니다. 빌려준 돈으로 구두약 및 구둣솔, 그리고 천 등의 장비를 담는 통을 사고 개인사업을 시작했는데요. 그 결과 인력거꾼, 구두닦이 모두 몇 달 가지 않아 대출금을 깨끗하게 갚고 돈을 모아나가게 됩니다.

누가 보아도 드라마틱한 이 성공은 사람들을 놀라게 했습니다.

이런 방식으로, 가난한 서민들은 대출받은 돈을 통해 수레와 재봉틀, 인력거 등 경제활동에 필요한 곳에 투자하게 되면서 가난에서 벗어났습니다.

예상 외로 그라민은행의 원금 회수율은 설립 이후 30년간 누적 대출액 대비 상환율이 98.85%에 육박했는데요. 방글라데시의 그라민은행은 미국, 영국 등 선진국에서도 성공적인 사례로 소개되면서, 일약 마이크로크레디트, 즉 '무담보 소액대출'의 성지聖地로 발돋움했습니다. 이러한 공로로 유누스는 2006년에 노벨평화상까지 수상하게 됩니다.

난관에 봉착한 그라민은행

하지만 여기서 반전이 생기는데, 빛이 있으면 어둠도 있는 법일까요? 승승장구하는 것 같았던 그라민은행의 행보에 의문을 품고, 부작용을 지적하는 비판도 늘고 있습니다.

몇 가지를 살펴보면, 먼저 유누스가 그라민은행에서 마이크로크레딧을 처음 시도한 이래 마이크로크레딧 단체들이 난립했고, 수익사업의 일종으로 변질되기 시작했다는 것입니다.

엎친 데 덮친 격으로, 그라민은행은 상환 만기를 지키지 못한 부채가 많아지기 시작했습니다. 그 외에도 체납률이 5%라는 선전과 달리, 실제로는 10%에 이른다는 것, 그리고 연 20% 이상의 고금리 등이 문제가 되기도 했답니다.

그라민은행, 우리는 어떻게 보아야 할까?

사실 한국에서도 2000년부터 사회연대은행, 신나는 조합, 아름다운 세상기금, 사회복지은행 등의 형태로 비슷한 사업을 시도하고 있습니다. 또 2009년 말부터는 여러 기업과 펀드를 조성해 미소금융사업이 시작되기도 했죠. 하지만 이들 모두 그라민은행과 외관은 비슷하지만 많은 차이가 있는 것이 사실입니다.

그렇다면 우리는 그라민은행에서 어떤 시사점을 얻어야 할까요? 우리는 그라민은행 사례를 통해 추구해야 할 '정책'의 본질에 대해 생각해 보게 됩니다. 존 롤스의 『정의론』에 나오듯이, 한 국가에서 발생하는 사회적 이익이 그 사회 계층의 가장 밑바닥에서 가난과 싸우는 빈곤층을 우선적으로 배려할 때 정의로운 사회라고 할 수 있습니다.

그런 측면에서 생계를 유지하기 위한 아이디어와 의지가 있는 극빈층에게 신용을 매개로 자활 능력을 길러 준 그라민은행의 사례는 시사하는 바가 매우 크다고 하겠습니다.

우리나라도 현재 가장 큰 문제점은 공동체가 붕괴되고 있고, 서민들의 희망의 사다리가 무너져 가고 있다는 점입니다.

바로 이런 그라민은행과 같은 사례들을 통해 공동체의 희망을 복원시키는 정책들이 개발될 때, 우리가 직면하는 많은 공동체 문제의 실마리가 풀릴 수 있다고 생각하면서, 앞으로 많은 후속연구가 있기를 기대해 봅니다.

4ᴴ
정의란
무엇인가?

　무엇이 바른 것인가? 올바름이란 미덕을 의미하며 공동체의 선, 즉 공동선을 의미한다. 좌도 우도 아니며, 그 어느 것에 힘을 실어 일방이 타방을 이기는 것을 올바름이라 하지 않는다. 마이클 샌델은 정의를 논하면서 정의란 단순한 좌도 우도 아니요, 자유와 평등 중 어느 한쪽만을 의미하지 않는다고 말한다. 자유를 의미하는 개인주의나 평등을 의미하는 공동체주의 어느 한쪽으로 치우치지 않는다는 말이다. 미덕에 기초한 공동선, 공동체 민주주의가 중요하다고 말한다.

　정의를 위해서는 시민공동체의 공동선, 즉 덕성의 증진이 필

NEXT PRESIDENTIAL AGENDA 4.0

요한데, 이를 위해서는 "무엇이 옳은가? 무엇이 바람직한 삶의 방식인가?"에 대한 끊임없는 고민과 성찰적 노력이 필요하다고 본다. 그는 정의를 보는 관점으로 행복, 자유, 미덕이라는 세 가지 키워드를 던지면서, 정의란 단순한 최대다수의 최대행복을 의미하는 행복도, 개인이 하고 싶은 것을 마음대로 할 수 있는 자유도 아니라고 말한다. 공동선으로써의 미덕이 필요하며, 자유를 바탕으로 한 공동체 민주주의가 필요하다는 것이다.

공동체와 정의

정의 (Justice)
· 단순한 좌도 우도 아니며, 자유도 평등도 아님
· 개인주의나 공동체주의와 같이 어느 한쪽 극단으로 치우치지 않음
· 자유에 기초한 공화제 민주주의(공화제: 자유, 법치, 공동선, 시민의 덕성)

정의의 실현
· 시민 공동체의 공동선 혹은 덕성의 증진
· 무엇이 옳은가? 무엇이 바람직한 삶의 방식인가?

정부의 역할
시민공동체에 대한 공적 인프라 강화
· 공공교육의 강화
· 공중보건의 강화

시민공동체
공적토론의 활성화
· 무엇이 미덕인지?
· 무엇이 최선의 삶인지?

〈그림 3-1〉 마이클 샌델의 정의

마이클 샌델의 정의란 무엇인가

정의를 보는 관점

1. 행복
   · 공리주의
   · 최대다수의 최대행복
2. 자유
   · 자유주의
   · 개인이 하고 싶은 일을 할 수 있는 자유
3. 미덕
   · 시민적 공화주의
   · 공동선善으로서의 미덕
   · 자유를 바탕으로 한 공화제 민주주의

〈그림 3-2〉 마이클 샌델의 정의란 무엇인가?

5
사회적 대타협이
필요하다

　우리 공동체의 공동선common good을 생각하여 우리나라가 장
기적으로 지속가능한 방안을 찾아가는 게 필요하다. 이를 위해
서는 정치권의 인식변화와 함께 구조적 개혁 노력이 필요하다.
따뜻한 공동체 의식이 필요하며, 그러려면 우리에겐 지금 사회
적 대타협이 필요하다. 일자리 창출과 노동문제 등에 있어서
노·사·정을 위시한 사회적 대타협이 필요하며, 한편으로는 미
래 먹거리에 해당하는 신성장 동력에 대한 끊임없는 발굴과 지
원이 뒷받침되어야 한다.

　또한 구조, 실행체계, 의식 개혁을 통해 밝고 더 큰 대한민국

을 만들어야 한다. 제도적 장치는, 의식의 변화와 함께, 더 밝고 더 큰 대한민국을 만든다. 바른 구조개혁을 통해 제도를 정비하고 실행체계를 갖추게 되면 일정부분 의식은 저절로 뒤따르게 되어 있다. 그것은 정책의 성공으로 이어지며 더 큰 대한민국을 만들게 된다.

"우리나라는 왜 노·사·정 대타협과 같은 사회적 대타협이 쉽게 이루어지지 않고 극단적 대결로 치닫게 되는가"라는 문제에 있어 우리는 스웨덴, 아일랜드, 독일 등 북구 유럽모델을 배울 필요가 있다.

6

사회적 대타협
: 스웨덴 에를란데르
총리의 협치와 소통

스웨덴은 북유럽 복지의 모델로 우리에게 익숙한 국가이다. 그렇다면 스웨덴이 제2차 세계대전 시기부터 이미 본격적으로 복지국가로의 이행을 추진했다는 점을 알고 있는가?

제2차 세계대전을 겪으며 설정되었던 정책 방향성이 70년이 훌쩍 지난 지금에까지 상당히 안정적으로 지속될 수 있었던 가장 중요한 이유는 무엇일까?

여기에서는 스웨덴의 복지국가 기반 구축을 가능하게 만든 에를란데르 총리의 협치에 대해 알아보기로 하자.

스웨덴 소통정치의 아버지

스웨덴 복지국가가 성공적인 모델이 될 수 있게 된 기반은 스웨덴의 정치와 사회 부문에서의 3C인 Compromise, Consensus, Cooperation, 즉 타협, 합의, 협력을 들 수 있다.

특히 이러한 안정적 정치와 경제를 가능하게 한 역사적 상황을 좀 더 들여다보면, 스웨덴의 총리 에를란데르가 있었기에 가능했다는 것을 알 수 있다. 즉, 에를란데르 총리의 협의와 소통의 리더십, 즉 협치가 중요한 역할을 한 것이다.

에를란데르는 제2차 세계대전 이후 젊은 나이로 총리에 부임하면서 다음과 같이 말했다.

"물론 우리는 성장할 것이다. 그러나 다 함께 성장할 것이다."
그리고 국민 모두가 안전하고 행복한 나라로 거듭나기 위한 혁신을 이끌기 시작했다.

1930년대 경제침체와 사회갈등

에를란데르 총리의 업적을 살펴보기 전에, 먼저 당시 스웨덴이 처해 있던 상황을 살펴볼 필요가 있다. 스웨덴은 척박한 국토, 극도의 불신과 갈등, 그리고 세계대전으로 인한 경제침체라는 엄청난 악조건에 놓여 있었다. 특히 스웨덴 정치는 정당 간, 그리고 노사 간 갈등의 골이 깊었다.

1930년대에는 노사 간 갈등으로 인해 전국적으로 파업이 빈번히 일어났고, 파업이 장기간 지속되는 상황이 비일비재했다. 또한 경제침체로 인해 국민들의 민생이 고달프게 되었고, 이러한 사회문제를 극복하기 위해 복지정책에 대한 국민적 요구가 매우 높았다.

즉, 대공황으로 인한 경기침체로 사회약자의 극빈한 생활이 지속되자, 이를 해결하기 위해 국가는 '국민의 집', 즉 'Folkhemmet(폴크헤멧), The People's Home'이 되어야 한다는 패러다임이 대두되었던 것이다.

국가는 노동자를 포함한 사회적 약자를 포괄적으로 보호해야 하며, 국민은 그들이 처한 다양한 삶의 조건과 이유에 상관없이 일정 수준의 삶의 질과 사회적 권리를 누릴 수 있어야 한다는 정부의 의지를 표명했던 것이다.

대화를 통한 화합의 정치, 목요클럽

그렇다면 에를란데르가 이룬 다양한 업적과 그 과정을 살펴보기로 하자.

에를란데르는 1948년부터 20년 동안 총리직을 이행하며, '국민의 집'이라는 복지패러다임을 이어받아 보편적 복지를 실현시켰다. 즉, 에를란데르는 노동, 교육, 의료, 보육 등 모든 부문에서 개혁을 이루어 스웨덴 복지의 초석을 튼튼하게 만들었다는 평가를 받는다.

에를란데르 총리가 정치·경제적으로 불안정한 상황에서 이러한 업적을 이룰 수 있었던 비결은 무엇이었을까? 그것은 그가 협치, 즉 화합과 소통의 정치를 실천했기 때문이다.

그는 우선 사회 전반의 화합을 이룰 수 있는 방안을 모색했다. 먼저, 경제 성장을 위해 재계의 지지를 얻어야 한다고 생각했다. 그는 재계의 인사들에게 초청장을 보내, "난 목요일이 한가한데 일단 만나서 얘기합시다."라는 메시지를 전했다. 그리고 이렇게 해서 스웨덴 현대사에서 아주 유명한 단어로 자리 잡은 '목요클럽'이 시작된다.

목요클럽은 1956년부터 본격적으로 총리의 하르프순드 여름
별장, 스톡홀름의 고궁 등에서 진행되었다. 특히 하르프순드 여
름별장은 에를란데르 총리의 대화정치의 상징이 되었는데, 하르
프순드에 다녀오지 않은 기업인, 노조, 정당대표가 없을 정도였
다고 한다. 에를란데르 총리 집권 기간 동안 파업 종식, 임금인
상 중단과 같은 노조의 협조, 고세율-고복지의 결단도 바로 이
곳에서 시작되었다.

또한 재계의 협력을 기반으로, 깨끗한 물과 온수, 수세식 화
장실, 현대적 부엌과 볼보 자동차를 갖춘 주택 100만 호 사업으
로 국민의 일반적 삶의 질을 획기적으로 개선할 수 있었고, 완
전고용을 위한 노동정책, 무상교육정책 등을 실시할 수 있었다.

성숙한 민주주의에 의한 화합의 정치 실현
이러한 에를란데르 총리의 성공사례가 우리에게 주는 시사점
은 무엇일까?

총리 에를란데르의 화합의 정치는 정치 경제적으로 혼란을 겪
고 있던 당시 스웨덴을 지금의 복지 국가로 재탄생할 수 있게 하
는 강력한 정치적 동인이 되었다.

많은 학자들은 하르프순드 민주주의를 노·사·정의 3자 간 대타협으로 정의하고 있으며, 에를란데르 총리의 협치정신은 그 이후에도 팔메 총리, 칼손 총리 등으로 이어지고 있다.

자신의 정당이 우세한 상황에서 독단적으로 개혁을 추진할 수 있었음에도, 열린 대화와 타협의 자세를 실천했기에 그의 발자취가 오늘날까지도 기억되고 있는 것이 아닐까?

지금 우리나라는 당시 스웨덴 못지않게 많은 정치·경제적 도전과 갈등에 직면해 있다. 정당 간, 노사 간 대립은 물론, 급속한 중산층의 붕괴와 양극화에 처해있다. 그러는 가운데 청년 실업과 비정규직 등 민생의 고통은 커져만 가고 있다.

우리도 이제 말로만 협치, 거버넌스라고 할 게 아니라 진정한 화합과 타협의 정신으로 대관용과 대타협이 필요한 때이다. 그리고 그러한 화합은 정파적 이념에 치우치거나 당장의 문제를 해결하기 위한 '타협'이 아니라, 한걸음 더 나아가 진정으로 내 것을 내려놓고 조국의 미래와 공동체를 생각할 때 가능한 것이다.

정책학은 시대정신과 근본문제에 대한 진단을 연구하는 학문이다. 이제 우리도 정치4.0을 실현하고, 갑과 을의 폐해를 시정하는 한편, 공교육의 강화 등을 통해 무너져 가는 희망의 사다리를 복원해야 할 때인 것이다.

하지만, 이를 진정으로 이루기 위해서는 특히 정치적 리더십과 지도자의 태도변화Attitude Change가 꼭 필요하다.

스웨덴 에를란데르 총리 사례가 말해 주듯이, 진심으로 자기 것을 내려놓고 타협하고 소통할 수 있을 때, 그리고 그러한 거버넌스 정신을 배울 수 있을 때 우리 사회는 한 단계 더 진보할 수 있을 것이다.

스위덴(에를란데르 총리) 모형

1) 목요일마다 정적 미팅: 협치, 노사정 거버넌스(하르프순드 별장, 목요클럽)
2) 스웨덴을 '국민의 집'으로 만드는 데 성공, 국민의 아버지
3) 전국민 의료보험, 국민연금, 4주 휴가, 9년 무상교육, 100만 호 주택건설
4) 국가는 국민의 안전한 보호처, 따뜻한 가정으로 느끼게 만듦
5) 인생에서 몇 번의 직업전환, 국가가 책임진다

1) 스웨덴, 아일랜드, 독일: 노사정 코포라티즘Coporatism: 사회적 대타협 모형
2) 좌절과 불운을 희망과 의지로 전환
3) 조선, 해운 산업 등 철저한 구조조정 및 재교육, 새로운 고용 창출

〈그림 3-3〉 스웨덴 에를란데르 총리 모형

7

기구와 의지의 문제
: 아일랜드의
사회연대협약

　2015년과 2016년에 우리나라를 뜨겁게 달구었던 노동개혁
을 기억하는가? 우리나라의 많은 언론과 국민이 노동개혁에 대
해 뜨거운 관심을 보였는데, 이러한 노동시장에 관한 이슈들은
노·사·정 위원회를 통해 논의가 된다.

　이번 노동개혁 또한 노·사·정 위원회에서 본격적인 논의가
이루어졌는데, 2015년 9월 13일에는 극적인 대타협이 이루어
지기까지 했다. 하지만 2016년 1월 19일, 한국노총이 파기 선
언을 하면서 다시 무효로 돌아가고, 노동개혁에 대한 동력은 상
실되고 말았다. 왜 그랬을까?

　　　　　　　　　　　　　NEXT PRESIDENTIAL AGENDA 4.0

여기에서는 노·사·정 위원회의 성공사례인 아일랜드에 대해 알아보도록 하자.

아일랜드의 '사회연대협약'

아일랜드의 '사회연대협약'은 아일랜드식 노·사·정 위원회 결과물이다. 아일랜드식 노·사·정 위원회란 정부–주요 사용자 그룹인 경제단체–노동조합이 '자발적'으로 참여하여 구성된 모임인데, 우리와 구성에는 차이가 없지만, 우선 '자발적'이라는 부분이 다르다. 우리나라에선 참으로 생소한 일인데, 그럼 어떻게 아일랜드에서는 자발적 참여가 가능했는지 그 이유를 알아보자.

먼저, 국가 경제위기에 대한 국민인식과 이러한 인식에 뜻을 같이한 정부, 노조, 기업인들이 있었기 때문이다. 그럼 우리는 아직 위기가 덜해서일까, 아니면 우리에게는 아직 대타협의 문화가 없어서일까? 우선은 아일랜드 상황을 좀 더 살펴보기로 하자.

1973년 1차 유가 파동 후, 아일랜드는 OECD 국가 가운데 경제 사정이 가장 좋지 않았는데, 1980년 전반기 마이너스 성장률과 18% 가까운 실업률을 기록하자, 1987년 정권을 잡은 호이

총리는 노동시장의 구조개혁을 선언하게 된다.

호이 총리는 구조개혁을 추진하면서 야당과 전국노동조합 관계자들에게 대화와 화합을 요청하면서 진정성 있게 다가갔는데, 여기에 제1야당 당수 앨런 덕스와 아일랜드 전국노조연합은 호응하였다. 또한, 이들은 자발적으로 정부에 제안하여 국가를 재건하기 위한 노·사·정 '사회연대협약'을 체결하게 된다.

사회연대협약은 1987년부터 총 7차까지 합의가 이루어졌는데, 1차에서 3차까지는 경제안정과 위기극복을 위한 프로그램이고, 4차에서 6차까지는 사회통합과 분배개선에 대한 합의였다.

특히 2006년 7차 합의에서는 '2016년을 향하여'라는 제목과 함께, 일자리 창출, 공정성 확립, 성장 지속과 함께, 복지와 분배 개선이라는 전체적인 합의를 이루어 내기도 했다.

그렇다면 어떻게 해서 아일랜드의 사회연대연합은 성공할 수 있었을까?

사회연대협약의 성공요인

먼저 제도적인 측면을 살펴보기로 하자. 아일랜드 노·사·정 위원회 성공은 사회연대협약을 체계적으로 조율하는 제도가 있었다. 이를 국가경제사회위원회NESC와 국가경제사회포럼NESF 라고 한다.

아일랜드 정부형태는 이원집정부제인데, 내각수반인 총리가 실질적인 권한을 갖는다. 즉, 포괄적 정책방향, 부처 간 업무 조정, 의회 보고 등을 총괄하게 되는데, 총리가 이러한 기구들을 산하에 두고 사회연대협약을 총괄하게 된 것이 매우 중요한 성공요인이었다.

국가경제사회위원회인 NESC는 1973년 설립된 정책자문기구인데, 여기에서는 장기 국가전략 수립을 담당한다. 국가균형발전·사회보장 등 정책현안뿐 아니라, 21세기 미래발전전략에 대한 다양한 연구를 수행하기도 한다. NESC가 3년마다 작성한 경제·사회 전반에 대한 전략 보고서들은 사회동반자들 간 심층 토론과 협상을 위한 기초자료로 활용되는 것이다.

또 다른 기구, 국가경제사회포럼인 NESF는 1993년 경제·사회에 대한 의견수렴을 위해 설립되었는데, 여기에는 노·사·정 대표뿐만 아니라 야당 대표 등 다양한 관계에 얽힌 정치인들이 참여했다.

그런데 여기서 한 가지 주목할 만한 점은, 이 기구에서는 참여를 통해 광범위한 의견수렴을 거치되, 만약 대화와 토론을 통해 갈등조정이 불가능할 경우에는 총리가 최종적으로 중재안을 제시할 수 있도록 제도적 장치를 마련해 두었다는 점이다. 이는 우리가 제도설계를 할 때 꼭 눈여겨볼 만한 대목이라 생각된다.

요컨대, 이처럼 NESC와 NESF는 투 트랙 제도를 가지고 운영하고 있는데, 우선 NESC는 경제사회 현황을 분석하고, 미래 경제발전에 필요한 전략을 세워 총리실에 보고한다. 이에 대해 NESF에서는 사회공동체 대표들과 협의 및 포럼이라는 정치와 타협과정을 거치면서 여론을 종합하여 사회연대협약안을 작성하게 되는 것이다.

그 다음 최종적으로는 노·사 등 관련 대상기관들의 표결을 거쳐 최종 확정된다. 또한, 이렇게 확정된 협약은 중앙평가위원회Central Review Committee에서 협약이행성과를 모니터링 하고 평가하여 그 다음 과정에 피드백하게 된다.

이처럼 아일랜드의 사회연대협약은 총리실의 적극적인 지원과 여러 관계기관의 참여와 타협, 그리고 중앙평가위원회에서 이루어진 협의이행 평가 등을 통해 체계적으로 운영되고 있다는 점을 주목할 필요가 있는 것이다.

이렇게 타결된 사회연대협약은 아일랜드에 다양한 좋은 결과를 가져다주었다.

사회연대협약의 성과

첫째, 사회연대협약 체결 이전에는 연평균 임금 상승률이 20%를 넘었으나, 1차 협약에 따라 2.5%로 억제되어 실제 임금 상승률이 3~5% 수준으로 안정되었다. 이는 기업경쟁력으로 이어졌다.

둘째, 1992년에 15%를 넘던 실업률이 2007년에는 4%대로 떨어졌다.

셋째, 노사분규 발생건수가 1974년과 1984년에 각각 250건과 200건에 달했으나, 1988년 이후로는 연평균 50건 미만으로 크게 감소하였다.

마지막으로, 노동시장의 유연성이 아주 좋아졌다. 프레이져 인스티튜트가 발표한 노동시장의 유연성을 보면, 아일랜드는 세계 152개국 중 미국, 뉴질랜드, 스위스, 영국 등에 이어 7위를 기록하고 있다.

이러한 노동시장의 유연함은 성장위주의 경제정책과 시너지를 일으켜, 1970년 1,655달러였던 국민소득이 1988년에는 1만 달러, 2007년에는 5만 달러까지 올라가게 된다.

지금까지 아일랜드 노·사·정 위원회의 성공사례에 대해 알아보았는데, 종합적으로 이 사례가 우리에게 주는 시사점은 무엇일까?

앞에서도 언급했듯이, 우리나라의 노·사·정 위원회는 오랜 기간 지속되었음에도 불구하고, 노·사 간 합의 도출이 정치적으로 쉽게 변질되고 번복되는 등 좋은 결과가 없었다. 따라서 우리나라 노·사·정 위원회가 진정한 사회적 합의를 얻기 위해서는 아일랜드의 성공사례를 잘 참고할 필요가 있을 것이다.

특히, 1) NESC, NESF 등 아일랜드가 접근한 투 트랙의 제도
적 장치, 2) 실질적 권한을 지닌 총리를 중심으로 한 강력한 정
치 구조, 3) 정치적 타협과 포용의 정신, 4) 그리고 마지막으로
이를 가능케 만드는 국민들의 전반적인 사회적 지지를 기억해
둘 필요가 있다.

이러한 성공요인들을 잘 검토하여 우리도 사회적 대타협을 이
루고, 이를 통해 임금안정과 일자리 창출, 신성장 동력 확보가
가능해지기를 희망해 본다.

핵심교훈
1) 실질적 권한을 지닌 총리실 주도 NESC(연구조직) – NESF(포럼조직)
   Two Track 제도적 장치
2) NESC: 국가경제사회위원회(쟁점분석, 국가전략 제시)
   NESF: 여, 야, 노동조합, 경제단체 등 정치적 타협 및 최종확정
   * 영국: 총리 직속 미래전략위, 핀란드: 의회 소속 미래위원회
3) 조정이 되지 않을 경우 총리가 최종안 제시 권한
4) 중앙평가위원회 모니터링, 평가, 피드백 장치
5) 성공사례: 아일랜드 사회연대협약, 독일 사회연대협약 대타협
   (과도한 임금 억제, 노사분규 감소, 일자리 창출, 신성장 동력)

〈그림 3-4〉 아일랜드 모형

8

독일의
사회적 대타협은
어떻게 가능했을까?

　실업과 구직 문제, 어느덧 우리나라만의 문제는 아닌, 전 세
계적인 사회적 이슈가 되었다. 내로라하는 선진국들조차도 이
에 대한 뾰족한 해법이 없어 아직까지도 고민에 고민을 거듭하
고 있는 게 사실이다. 하지만 그 와중에서도 독일의 경우는 이
런 취업난 문제를 정부가 발 벗고 나서서 해결했다는 평가를 받
고 있다. 고용창출 프로그램인데, 독일식 사회연대협약이라 불
린다. 어떻게 독일에서는 이러한 사회적 대타협이 가능했던 것
일까?

독일 사회연대협약: 개요

1999년 9월 독일 연방공화국에 요하네스 라우 대통령 체제가 출범한다. 평생 화해를 모토로 삼으며, 국민들의 존경을 받은 그가 시행한 새 정부의 주요 정책 중 하나는 "고용 창출을 위한 사회 연대"라는 기구 출범이었다. 여기에는 경제단체, 노동조합, 정부가 참여하고 있었는데, 독일식 노·사·정 위원회라고 할 수 있다. 이 기구는 4명의 주요 경제단체 대표, 5명의 노조대표, 5명의 정부부처 대표들로 구성된 운영 위원회와 함께 이를 뒷받침하는 8개의 전문위원회로 구성되어 있었다.

독일의 거버넌스를 대표하는 이 노·사·정 전문위원회에서 다루는 주제는 "교육문제", "세금문제", "근로시간 개정", "사회보험제도 개혁", "구동독 재건", "해고 시 보상조치" 등 포괄적 사회적 이슈를 다루었다.

고용 창출을 위한 독일의 사회연대협약

그러나 사회개혁에 관해 타협점을 찾는다는 것은 쉽지 않은 일이었다. 노사 간, 집단 간 서로 이해관계가 다르기 때문인데, 그러면 독일은 어떻게 성공할 수 있었을까?

그 이유는 1) 국정 최고리더가 강조하는 양보와 소통정신, 2) 그리고 다양한 사회적 집단 간 상호연대, 즉 Solidarity를 가능케 하는 화해와 타협의 문화에서 찾을 수 있다.

즉, 실업난 해소를 위해 독일 정부는 기업, 경제단체, 노동조합 등과의 연대를 강조하면서, 이미 1998년 12월에 대화 자리를 마련한 바 있고, 향후 일정에 관해서도 합의한 경험이 있었다. 이러한 대화 자리와 타협을 중시하는 정신은, 향후 사회연대협약의 가장 중요한 기조가 된다.

독일 사회연대협약의 성과

독일의 사회연대협약은, 그 뒤 2003년에 '경제개혁 아젠다 2010'이라는 중요한 결과물을 도출하였는데, 그 내용은 다음과 같다.

첫째, 노동개혁과 세법개정을 통해 저임금 노동계층의 일자리를 창출한다는 것이다. 이는 사회복지에 대한 국가부담을 감소시키는 결과를 가져왔다.

둘째, 노사가 함께 경영에 참여하여 신뢰를 형성하는 한편,

생산성을 초과하는 과도한 임금인상은 억제한다는 합의를 보았다. 이는 결과적으로 기업 경쟁력을 향상시켰다.

이렇게 노사의 합의를 이끌어 내면서도 기업 경쟁력을 강화시킨 점은, 친기업이 아니면 반기업이라는 등 흑백논리에 빠져있는 우리나라의 경제 정책에 큰 시사점을 준다. 독일 연방정부는 특히 직업훈련교육을 통해 산학연계시스템을 확립하고, 노동시장개혁을 통해 시간제-미숙련 그리고 한시적-소규모 일자리를 대량 창출하게 된다.

이러한 노동개혁은, 독일 통일 이후 동독에서 넘어온, 넘쳐나던 노동력을 활용할 수 있게 만들어 주었다. 즉, 값싼 노동력의 활용은 일자리 창출과 함께, 국가의 새로운 성장 동력이 되어, 독일을 한 단계 더 도약시키는 발전동인發展動因이 된 것이다.

독일의 사회연대협약의 시사점

자, 그러면 이러한 독일 사례로부터 우리는 무엇을 배울 수 있을까?

무엇보다도 먼저 기억해야 할 점은 사회연대협약의 중요성이라고 할 수 있다.

경제단체, 노동조합, 정부 등 3자 간 '연대와 협력'은 제로섬 게임이 아니라, "공조와 타협을 하게 되면, 서로 윈-윈하게 된다."라는 믿음이 중요하다. 이를 통해 사회가 한 단계 더 진보하게 된다는 믿음이다.

국정 최고지도자의 화합과 타협에 대한 의지, 그리고 이러한 정신을 받들어 실천하려는 정부 관료의 개혁적 마인드, 그리고 이 모든 것이 가능하려면 고용창출 연대에 동참하는 모든 당사자와 국민들의 지지 및 공감대 형성이 있어야 한다.

우리나라는 지금, 조선, 해운, 중공업 등 일부 제조업이 구조조정에 들어가 있으며, 청년 실업과 일자리 창출 등 민생문제도 심각한 실정이다. 한편 독일, 미국 등 세계는 4차 산업혁명 물결에 발맞춰 AI, 로봇, 빅데이터, 사물인터넷, 자율주행 자동차 등 융합과 혁신을 통한 산업4.0 준비에도 여념이 없다. 결국은 이 모두 정치권과 우리 사회가 풀어야 할 숙제인 것이다.

정치적 리더십, 관료들의 혁신마인드, 노·사·정의 타협정신을 독일의 사례에서 배울 수 있기를 기대해 본다.

9

공동체 정신의
복원이
필요한 때이다

국가혁신의 완성을 위해서는 구조와 리더십 못지않게 국민정신의 문제도 중요하다.

국가 전반에 팽배한 이기주의를 타파하고 사회적·경제적 가치를 창출하기 위해서는 따뜻한 공동체를 만들어나가야 한다. 많은 과제가 필요하겠지만, 지금 우리나라는 그중에서도 정신의 문제, 즉 시민정신이 황폐화되고 있다는 점을 주목해야 한다. 상대방에 대한 존중과 배려, 긍정적인 심리, 공공장소에서의 기본적인 예의, 타협과 존중의 문화 등이 상실되고 있는 것이다. 이러한 문화 속에서 창의성이 나올 리 없으며, 창의성과 긍정이 상실된 사회가 선진국이 될 리도 없는 것이다.

10

정치 4.0
: 국가의 지향점과
지도자의 품격

　필자는 지난 2011년, 바람직한 국가상이란 무엇인가에 관한 고민을 담은 『정의로운 국가란 무엇인가』를 발표하였다. "국가의 완성과 정의롭고 도덕적인 국가란 무엇이며, 국정지도자에게 필요한 자질은 무엇인가?" 등에 관한 탐구를 토대로 필자의 견해를 밝혔었다.

　그리고 2017년 지금, 5년이 넘는 시간이 지났지만 그때의 고민은 여전히 우리사회가 갈구하는 물음으로 남아있다. 따라서 다시 한 번 그때 당시의 고민을 토대로 현재 시대를 비춰보며 정치4.0 속에서 국가와 지도자의 품격에 대한 필자의 견해를 밝혀

보고자 한다.

지금까지 우리 사회는 머리와 에고ego 위주의 경쟁, 경쟁 일변
도의 대립구도, '구하는 마음'과 '효율성' 중심의 사회를 만들기 위
해 총체적으로 질주해 왔다.[10] 그 결과 우리는 인간을 국가, 혹은
사회의 부속물로 치부하는 20세기의 모더니즘적 사고방식에 머물
러 있다. 국가지상주의적 발전행정과 제왕적 대통령제의 패러다
임 속에서 협치와 소통에 기초한 민주주의 리더십은 실종되었다.

그렇다면, 바람직한 대한민국의 모습은 무엇인가?

플라톤의 지덕체智德體의 완성, 매슬로의 자아의 완성과 국
가의 완성이라는 단계적 진화, 라스웰의 인간의 존엄성Human
Dignity 지향 등, 국가의 완성은 개인의 존엄성이라는 이상을 구
현시켜 주는, 지덕체를 구비한 공동체의 완성이라고 할 수 있으
며, 지덕체를 구비한 공동체는 개인의 인권과 존엄, 자유와 창
의를 토대로 자아실현과 자아완성의 가능성이 열린 사회를 그
내용으로 한다.[11]

이렇듯 바람직한 대한민국의 모습은 인간(개인) 존엄성의 실현

을 위해 끊임없이 보완해 나아가는 '성찰하는 국가'의 모습이어야 한다. 여기서의 성찰은 개인적 차원을 넘어서 우리 사회의 진정한 커뮤니케이션과 담론 기능의 활성화를 통해 우리 사회 공동체를 좀 더 신뢰사회와 성숙한 사회로 만들어 나가려는 노력을 의미한다.[12]

효율성 중심에서 벗어난 새 시대의 국가모형과 국정관리의 목표는 개인과 개인, 개인과 단체, 개인과 국가 간의 진정한 신뢰trust와 등권empowerment을 전제로 개인의 인권과 존엄, 자아실현self actualization과 자아완성self fulfillment의 가능성이 '열린' 사회에 초점을 맞춰야 한다.[13]

그렇다면 이러한 이상과 목적을 실현하기 위한 국정리더의 덕목은 무엇인가?

국정리더에게는 다양한 자질이 요구된다. 국민에게 비전과 희망을 제시하는 능력, 국민 전체와 소통하며 큰 비전을 제시하는 능력, 품위 있는 권위와 함께 강한 책임감을 지는 자세, 글로벌한 감각을 지니면서 국제사회와 협력을 확대해 가는 능력, 남북통일을 준비하면서 민족화해의 물꼬를 트는 능력, 국내의 다양

NEXT PRESIDENTIAL AGENDA 4.0

한 갈등을 관리하면서 국민과 소통하는 능력 등 수준 높은 자질이 필요하다.[14]

그러나 이 모든 것을 가능케 하는 가장 중요한 덕목은 역시 '도덕과 품격의 지도자'일 것이다. 국정지도자는 도덕과 품격을 갖추어야 한다. 국정 최고책임자의 역할은 막중하기 때문에 우리는 품격品格 있는 리더를 필요로 한다. 국정 최고책임자에게서 품격이 떨어지는 순간 권위를 기대할 수 없게 되며, 국민은 리더에게 많은 역할과 기여를 기대할 수 없을 것이다.[15]

독일의 철학자 니체는 훌륭한 철학자란, '시대정신'을 자신만의 언어로 풀어낼 수 있는 사람이라 칭하였다. 훌륭한 국정리더도 이와 같아서 시대정신, 즉 국민들의 시대적 요구를 적확的確하게 꿰뚫어보고, 현실적 명민明敏함 속에서 국가의 미래未來까지 고려하는 사람일 것이다.

즉, 높은 책임감과 덕德이 있는 리더로서, 국민을 조종하는 정칙공학이 아닌 정치, 표 계산이 빠르고 유권자 인기에 영합하는 표퓰리즘populism에 흐르는 책략이 아닌 정치, 국민의 행복을 생각하고 대의를 생각하며, 원리원칙에 흔들리지 않는 철학과 인간미 넘치는 덕치의 품격을 갖춘 지도자가 필요하다.[16]

요약 및
결론

이 장에서 우리는 정치적 역할의 중요성에 대해서 살펴보았
다. 양극화, 저출산, 고령화, 청년 실업 등 현시대에 우리가 안
고 있는 근본적 문제를 풀기 위해서는 새로운 문제의식이 필요
한데, 이를 위해서는 먼저 정치4.0을 통해 따뜻한 공동체의 복
원이 필요함을 강조하였다.

국가 전반에 팽배한 이기주의를 타파하고 따뜻한 공동체, 정
의로운 사회, 따뜻한 보수, 사회적 경제 가치를 창출하기 위한
국민적 대타협이 필요하다. 특히 스웨덴, 아일랜드, 독일 사례
등이 시사하듯이, 1) NESC, NESF 등 투 트랙의 제도적 장치를

통해 사회적 쟁점에 대한 과학적 연구를 실행하고, 이를 정치적 대타협으로 연결시키는 제도적 개혁, 2) 실질적 권한을 지닌 총리를 중심으로 한 강력한 정치 구조, 3) 정치적 최고책임자의 타협과 포용의 리더십, 4) 관료들의 혁신마인드, 그리고 마지막으로, 5) 이를 가능케 만드는 노·사·정의 타협정신과 국민들의 사회적 지지 등을 잘 기억해 둘 필요가 있겠다.

이러한 제도적 개혁을 위해서는 현재 우리나라의 정책쟁점이 되고 있는 사안fact-finding들에 대해서 과학적으로 연구하고 미래를 예측하는 종합적 연구기관이 필요하며, 이러한 연구결과를 정치적 토론으로 연계하는 제도적 장치가 필요하다. 가령, 미래정책연구센터플랫폼 정책혁신센터를 입법부나 행정부에 설치하고, 여기에서는 국가혁신의 핵심 논제인, 1) 헌법과 권력구조, 2) 통일전략, 3) 경제발전, 4) 빅데이터, AI, IoT 등 4차 산업혁명, 5) 기후변화/에너지, 6) 삶의 질, 7) 의회민주주의/공화제 민주주의 등에 대한 메타연구를 하는 한편, 이를 정책 아젠다agenda로 입법화함으로써 실행구조를 갖추는 노력이 필요하다고 하겠다.

대한민국의 쟁점

문제
· 높은 자살률, 낮은 출산율
· 일자리 창출, 주거의 문제, 노인빈곤율 1위
· 보육, 교육(공교육 강화, 시스템 개혁)
· 시장 구조의 문제, 공정한 시스템 개혁

문제
1) 사회적 대타협(기구혁신: 연구조직, 포럼조직)
2) 실질적 조정권한 부여
   경제: 경제혁신
          신성장 동력 발굴, 제4차 산업혁명 추진
   정치: 정치혁신
          공화제민주주의, 공정한 시스템 개혁
          공동체의 강화: 공교육, 사회안전망, 시민의식 강화

전략
지식 네트워크구축
1) 헌법/권력구조   2) 통일전략   3) 경제발전
4) 빅데이터/AI   5) 기후변화/에너지
6) 삶의 질   7) 의회민주주의/공동체민주주의

〈그림 3-5〉 대한민국의 전략

정책사례
: 싱가포르는 어떻게 친절한 나라가 되었나?

1994년 5월, 이 나라를 방문한 한 미국소년이 주차된 차에 스프레이 칠을 해서 곤장 4대를 맞는 일이 벌어졌는데요, 이 나라의 투철한 질서의식과 엄격한 처벌제도를 보여준 유명한 일화로 화제를 모았습니다.

이 나라는 어디일까요? 그렇습니다. 바로 싱가포르입니다. 싱가포르는 법이 엄격한 만큼 법집행 또한 엄중하고, 누구에게나 평등하게 적용되는데, 질서유지를 위해 눈에 띄게 단속하지는 않지만, 일단 적발되면 가차 없이 처벌하죠. 이런 싱가포르의 정책 중 우리가 주목할 만한 것이 있는데, 바로 '친절, 예의, 품격, 활력'이라는 정책기조입니다. 아래에서는 싱가포르가 질서정연하고, 예의 바르고, 친절한 나라로 알려진 배경이 된 정책에 대해 이야기해 보려고 합니다.

싱가포르, 국민예절운동이 시작되다!

싱가포르는 지정학적으로 동서양을 잇는 위치, 즉 중국, 말레이시아, 인도 등지와 인접해있는 다민족 국가입니다.

1959년, 싱가포르는 영국의 식민지에서 벗어났는데, 초대 총리 리콴유가 취임할 당시, 싱가포르는 공직자들의 부정부패가 만연했고, 이주민들이 많다 보니 단합도 쉽지 않은 상태였죠.

리콴유 총리는 이를 타개하고자 사회개혁 카드를 꺼내들었는데, 바로 1979년 시작된 '국민예절운동'입니다.

국민예절운동이란 국민들이 예절을 습관화하여 주변 사람들과 불쾌한 접촉을 줄이고, 서로 예의를 갖춰 '친절한 사회'를 이루게 하자는 취지의 전 국민운동인데, 이 운동은 10년 동안 지속되어 오다가 1993년 친절운동으로 확대되어 지금까지 이어지고 있습니다.

그럼 국민예절운동은 싱가포르에 어떻게 정착될 수 있었을까요?

국가 주도에서 국민 스스로 참여하는 캠페인으로

"예절을 삶의 방식으로 삼읍시다." 국민예절운동을 추진한 리콴유 총리가 내세운 슬로건인데요. 이웃을 위한 미소와 친절, 예절을 삶의 방식으로 삼자는 것이죠.

초기에는 국가 주도하에 쉬운 것부터 시작됐습니다. 예를 들면, 남에게 도움을 받았을 때 "고맙습니다."라는 인사를 꼭 하자는 식입니다. 이후 1990년대부터는 국민예절운동에 대해 긍정적인 효과를 느낀 기업, 버스, 택시회사 등으로 번져 갔습니다.

싱가포르 자동차협회와 같은 교통 관련 단체들이 자발적으로 친절 서비스 운동에 동참하기 시작한 것이죠. 그 이듬해에는 전 국민들의 자발적인 참여로 확산돼 전국적인 규모의 예절협의회가 결성됐답니다.

시작은 국가 주도였지만, 기업과 민간의 주도로 발전되면서 전 국민적인 예절캠페인으로 확대된 것이죠. 구체적인 프로그램을 보면, '서로 밝게 인사하기', '친절하게 길 가르쳐 주기' 등과 같이 쉬운 것들부터 시작해서, 최근에는 '공공장소에서는 핸드폰 전원을 끕시다' 등 좀 더 세부적으로 구체화되고 있습니다. 여기에 학교 교육과 텔레비전 광고가 병행되고 있지요.

그렇다면 국민예절운동이 싱가포르에 가져온 변화는 어떤 것이 있을까요?

성숙한 시민의식이 싱가포르의 국력을 강화시키다
국가가 아무리 슬로건을 걸고, 전 국민적인 캠페인을 한다고 해도, 정말 국민의 행동이 바뀔 수 있을까요? 물론 쉽지 않은 일이죠. 하지만 싱가포르에서는 실제로 일어났답니다. 물론 긴 시간이 걸렸죠. 무려 28년이라는 세월이 흘렀습니다.

그 긴 시간 동안 문화를 만들어 가는 주체는 국가에서 민간으로, 또 타율적 운동에서 자율에 기반을 둔 운동으로 바뀌었는데, 사람들의 인식 속에 예의와 친절은 문화로 조용히 자리 잡았고, 이제 전 국민적인 사회문화로 정착되기 시작했습니다.

국가예절운동 민간위원회의 분석에 따르면, 이 운동이 정착된 1988년부터 기업 내 분위기가 개선돼 노동생산성이 크게 늘었고, 노사분규나 범죄율이 감소하는 경향이 뚜렷해졌는데, 그 결과 수출과 국민소득도 크게 증가했다고 합니다. 싱가포르가 그 어려운 사람들의 시민의식 변화, 즉 문화의 변화라는 것을 이뤄 냈고, 그것이 국력으로 이어진 것이죠.

"우리는 1~2년 만에 성과를 거두려고 하지 않는다. 사람은 어렸을 때 성격을 형성하기 때문에 우리는 다음 세대를 위해서 예절을 강조한다." 싱가포르 정부의 발표인데요. 성숙한 시민의식은 단기간에 쉽게 얻어낸 것이 아니란 것을 단적으로 보여 주는 말입니다. 세대를 이어 온 전 국민의 의식 변화가 1인당 GDP 52,000달러, 세계 9위라는 국력을 이뤄낸 것이죠.

예의와 친절을 정책적으로 성공시킨 싱가포르의 교훈

여러분, 예절, 예의하면 실은 우리나라도 빼놓을 수 없습니다. 전통적으로 '동방예의지국'이라는 말이 우리나라를 상징하는 말이었으니까요.

하지만 지금 우리나라의 현실은 어떤가요? 예의를 중요시 여기는 나라라는 명성에 걸맞지 않은 흉악한 범죄와 낯부끄러운 일을 자주 보게 됩니다. 이웃을 존중하고 배려하는 문화, 품격 있는 시민의식은 그 나라의 경쟁력을 보여 주는 또 다른 면이기도 하다는 점을 잊어서는 안 되겠습니다.

우리는 이 점을 정책적 관점에서도 세심히 바라볼 필요가 있습니다. 어떤 정책이든, 의식을 개선하는 정책은 단기간에 쉽게 이뤄질 수 있는 것이 아니죠. 충분한 시간을 갖고 타의에 의한 행동 변화가 자율적인 변화로 자연스럽게 연결될 수 있도록 해야 합니다. 긍정적인 사회분위기의 확산, 성숙한 시민의식이 확고하게 자리 잡을 수 있도록 하는 정책이 탄생하길 기대합니다.

우리 사회의 정신이 다시 정화될 때, 성숙한 시민의식을 바탕으로 한 공동체 민주주의가 발전할 수 있고, 그렇게 될 때, 비로소 우리도 한 단계 더 높은 품격의 경제발전, 산업발전을 이룰 수 있을 것입니다.

CHAPTER

4

산업혁명4.0

NEXT PRESIDENTIAL AGENDA 4.0

4차 산업혁명이란
무엇인가?

지금 전 세계는 미국, 독일 등 선진국을 중심으로 제4차 산업혁명이라 불리는 새로운 물결을 목격하고 있다. 4차 산업혁명의 키워드는 초연결성, 초지능성, 무한예측이다. 산업과 산업 간의 초연결성Super Connectivity을 바탕으로 초지능성Super Intelligence을 창출하며, 이를 완전한 미래예측Future Forsight을 통해 뒷받침한다는 뜻이다. 또한, 융합과 혁신이 또 다른 키워드이다. 제조업과 스마트 기술을 융합해 혁신을 창출하겠다는 차세대 산업혁명 패러다임이라고 하겠다. 우리 시대의 신성장 동력으로 떠오르고 있는 영역들, 예를 들어 IoT, 인공지능, 로봇, 나노기술, 바이오, 드론, 자율주행 자동차량, 3D프린터, 빅데이터 등 신기술을

기존 제조업과 융합해 생산 능력과 효율을 극대화시키는 산업혁
신을 의미한다.

4차 산업혁명의
실체는 있는가?

2016년 1월 20일에 개최된 다보스 포럼은 "4차 산업혁명의 이해"를 주제로 선정하여 4차 산업혁명의 시작을 알렸다. 슈밥 K. Schwab 회장은 기조연설에서 "4차 산업혁명을 어떻게 준비할 것인가?"라는 화두를 던지면서, 2030년까지 4차 산업혁명 물결은 세계 GDP 15조 달러가 넘는 부가가치를 창출할 것으로 전망하였다.

하지만 일자리에 대한 위협은 심각하다. 슈밥K. Schwab 회장은 향후 5년 이내 2만 개의 새로운 일자리를 창출하는 반면, 7만 개의 기존 일자리의 소멸을 가져옴으로써 5만 개 일자리의 소멸을 가져올 것이며, 15년 후에는 현재 존재하는 일자리의 70%가 소멸할 것으로 예측하면서, 이러한 거대한 물결에 인류는 어떻게 대응할 것인가라고 하는 근본적인 문제를 제기하였다. 결국 그가 던진 화두는 1) 세계는 변하고 있다 2) 당신이 보유한 기술의 의미를 재정립하라 3) 빅데이터와의 연결성, AI플랫폼을 주목하라 4) 사람이 중요하다 5) 기존의 인력을 재교육하고 새로운 미래의 수요에 대응하라 6) 이를 위해서는 국가의 역할이 중요하다는 것으로 요약할 수 있다.

'4차 산업혁명의 실체는 있는가?'라는 질문에 대해 슈밥K. Schwab 회장은 다음과 같이 말한다. "기존의 1차, 2차, 3차 혁명에서는 증기기관, 전기, 컴퓨터의 발명이 실체였다. 이번에 오고 있는 4차 혁명은 단순한 발명이 아니라 인공지능, 로봇, IoT, 빅데이터, 드론 등 20여 개가 넘는 신기술들이 융합하여 쓰나미처럼, 혹은 눈사태처럼 몰려오고 있다. 이는 인간의 정체성마저 바꿀지도 모를 정도의 대혁명이다."

어쩌면 전영기 중앙일보 논설위원이 정확하게 표현한 것처럼, 4차 산업혁명은 바람이다. 손에 잡히지 않아도 느낄 수 있다. 그 바람에 올라타야 하늘을 날 수 있을 것이다. 4차 산업혁명의 실체를 보거나 만질 수는 없을지 모른다. 하지만 우리는 이미 느끼고 있다. 4차 산업혁명의 바람에 올라타는 나라만이 미래를 선도할 수 있을 것이다.

4차 산업혁명은 다음과 같은 특징을 보이면서 우리에게 다가오고 있다.

첫째, 빠른 속도이다. 양자컴퓨팅, 인공지능, 빅데이터의 융합이 가져오는 기술의 혁신속도는 아찔하다. 이는 기존의 3차 산업과 비교가 불가능하다.

둘째, 기술혁신이 몰고 오는 파장의 범위와 깊이이다. 경계가 무너지면서 일어나고 있는 융합의 광범위성이다. 4차 산업혁명의 특징은 융합이다.

셋째, 시스템과 플랫폼 변화이다. 우버, 에어비앤비에서 보듯이, 4차 산업은 단순한 제품의 출시만을 의미하지 않는다. 시스템의 변경, 혹은 네트워크와 플랫폼의 변경을 통해 엄청난 부가 창출되고 있다.

넷째, 4차 기술의 변화는 인간의 정체성에 영향을 미친다. AI, 로봇의 등장은 인간이란 무엇이며, 어디까지를 인간으로 인정해 줄 것인지에 대해 정치적, 경제적, 법률적, 문화적으로 기존 관념에 도전을 던진다.

다섯째, 인문학적 상상력이다. 미래 도시의 변화, 미래 인간의 삶의 모습은 단순한 기술의 문제가 아니다. 인문학적 상상력과 창조성이 그 핵심이다.

　따라서 우리는 어떤 방식으로든 이러한 신기술의 융합과 도전에 우리만의 솔루션을 찾아내야 한다. 불필요한 규제를 없애고, 이에 대응하는 기민한 거버넌스Agile Governance가 필요하다. 지속적으로 기술진보의 변화에 조응하면서 새로운 메커니즘을 찾아내는 창조성과 기민성, 혁신과 융합적 사고의 정부모형이 필요하다.

　슈밥K. Schwab 회장은 특히 시스템적 리더십과 플랫폼 접근이 필요하다고 말하면서, 새로운 시대에 필요한 리더의 덕목으로 brain, vision, heart, value를 꼽았다. 새로운 시대의 가치와 비전을 제시하면서 이를 통합과 소통의 리더십으로 이끌 대한민국의 리더는 누구인가?

3

4차 산업혁명에 있어서
한국의 문제점
: 진단과 대책

하지만 우리나라의 경우는 크게 다음과 같은 문제점들이 지적되고 있다.

첫째, 규제의 문제이다. 많은 경우, 아직도 규제가 발목을 잡고 있다. 무역에서의 규제, 교육 소프트웨어에 있어서의 규제, 온라인상의 규제, 빅데이터와 인공지능을 통해 맞춤형 서비스를 제공하는 데 있어서의 개인정보보호 규제 등 규제가 신기술 전개에 저해요인이 되고 있다.

둘째, 우리나라 경제구조의 문제이다. 슈밥K. Schwab은 한국의 산업구조문제에 대해 말하면서 한국은 대기업, 재벌이라는 큰 물고기들로 이루어져 있다고 지적한다. 4차 산업혁명 시대의 승자는 빠른 물고기라는 것이다. 독일의 예를 들면서, 독일은 대기업도 물론 존재하지만, 중소규모의 글로벌 강소기업들이 빠른 속도로 혁신을 주도해 나가고 있다고 말한다.

셋째, 우리나라 스타트업 기업의 자생력과 창의성은 어느 정도인가? 미래부에서 추진하는 창조경제혁신센터의 공과 성과에 대한 냉엄한 현실진단과 함께 장점을 계승·발전시킬 수 있는 형태의 제도개편이 필요하다. 슈밥K. Schwab 회장은 물었다. "올 한 해에만 중국의 스타트업은 430만 개가 발생했다고 한다. 한국은 어떠한가?"

넷째, 부처칸막이가 아직도 심각하다. 4차 산업이 발전하려면 시스템 사고가 필요하며, 플랫폼형 문제해결 구조가 필요한데, 한국의 경우 부처 간 융합형 문제해결방식이 아직 취약한 형편이다. 가령, 자율주행 자동차의 경우만 하더라도 이것이 발전하려면 자동차기술이나 IoT, AI 등 스마트 기술뿐만 아니라 도시디자인, 보험설계, 법제도 정비 등 종합적 시스템 접근이 필요한데, 이를 위해서는 부처가 협업과 융합적 사고를 지원해 주는 제도설계가 필요하다. 또한, 우버Uber, 에어비앤비AirBnB에서 보듯이, 이제는 제품 출시가 아니라 시스템의 프로세스 변화, 혹은 플랫폼 변경을 통해 엄청난 형태의 부가 창출될 수 있는 시대이다.

다섯째, 교육에 있어서의 창의성이 뒷받침되어야 한다. 사실 3차 산업혁명까지의 기술들은 공학적 기술들이었다. 스팀엔진이 그랬고, 전기, 컴퓨터가 그랬다. 하지만 4차 산업혁명은 아무도 그 실체를 모른다. 미래 도시의 형태, 미래의 삶, 스마트 기술의 형태가 어떻게 전개될지 누가 알겠는가? 여기에 인문학적 상상력이 있다. 즉, 4차 산업혁명은 단순히 도시공학적, 정보기술적 전개가 아니라, 무한한 인간의 창조적 상상력의 소산으로 (혹은 인문과 기술이 더해져서) 전개될 것이다. 그렇다면 4차 산업혁명의 승산은 인문학적 창의성에 있을지도 모른다. 이를 위해서는 여러 가지 제도적 뒷받침이 필요하다.

1) 교육부, 미래부, 산업부를 개편하여 4차 산업혁명을 선도적으로 뒷받침할 수 있는 미래지향적 체제개편에 대해 논의해야 한다.

2) STEAM(과학, 기술, 공학, 예술, 수학 = Science, Technology, Engineering, Art, and Mathematics)을 아우르는 형태의 융합형 교육과 함께 과제기반 학습

Project-based Learning, 문제기반 학습Problem-based Learning

도입을 논의해야 한다.

3) 교육 및 정책전문가들로 구성된 교육개혁위원회를 설립하여 최소 향
   후 10년을 내다보는 교육개혁방안 및 시스템 설계에 대해 논의할 필요
   가 있다.

Davos포럼(K. Schwab, 2016. 1. 20)

Key Point

· 4차 산업혁명을 어떻게 준비할 것인가?
· 2012년 독일 '국가 하이테크 비전 2020'에서 용어 시작
· 5년 후 5만 개의 일자리가 소멸, 15년 후 70% 일자리 소멸. 어떻게 할
  것인가?
· 정부의 역할: 민첩한 정부Agile Governance(신속대응, 문제해결형 정부)
· 우리 모두 Mechanism을 찾아내야 한다
· 한국은 어떻게 대처할 거신가?
  1) 제조업과 AI, IoT 융합 필요
  2) 큰 물고기Big fish보다 글로벌 강조형 빠른 물고기fish로 시장 재편
  3) 창조경제로 가려면 교육에서 창의성 필요, 제도개편
  4) STEAM: 분절화보다 통합형 교육
  5) 시스템리더십System leadership과 플랫폼 접근Platform approach
     예시: 우버, 에어비앤비: 새로운 제품을 만들기보다 사고를 혁신하라!
     (공유경제, On Demand 비즈니스,긱 이코노미Gig economy)

〈그림 4-1-1〉 Davos 포럼: K. Schwab 회장의 주장과 논점

4.

독일의
인더스트리4.0을 통한
혁신전략

독일은 이미 2012년 국가하이테크비전에서 인더스트리4.0을 천명한 바 있다. 정부 주도의 스마트공장 건설, 산업과 산업 간 스마트 연결. 이를 위해 독일은 2020년까지 109억 이상의 유로를 투입할 계획이다. IoT사물인터넷 = Internet of Things과 스마트 공장을 연결하여 CPPSCyber Physical Production System, 즉 사이버물리시스템을 만들겠다는 것이다. 세계적인 정보화 속도에는 한 발 늦었지만 서두르지 않고, 제조업 중심의 공장과 공장을 스마트화하여 연결하는 한편, 일자리 창출의 기반이 되는 제조업 중심의 산업역량 확충 전략을 쓰겠다는 것이다. 유연성을 통해 정보와 경영을 결합하는 전략이다. 독일의 자산, 정보, 통신, 사업

영역을 하나로 묶고, 생산, 작업장, 기업과 경영을 통합함으로
써 산업의 가치사슬을 극대화하겠다는 것이다.

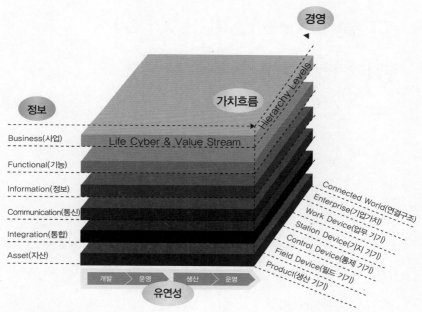

자료: 독일정보협회(2015)에서 수정

〈그림 4-2〉 독일 4차 산업혁명 분석모형 (자료: 독일정보협회, 2015)

5

미국의
글로벌 기업중심의
혁신전략

독일이 정부주도형 모형이라면 미국은 다분히 시장중심형 전
략이다. 이미 세계 스마트 시장을 주도하고 있는 구글, 페이스
북, 아마존, 아이비엠, GE 등의 글로벌기업을 중심으로 혁신전
략을 구사하되, 정부는 시장의 표준화나 첨단연구개발 등과 같
은 지원적 역할을 하는 모형이다. 제조업 발전을 위한 국가협의
체 혁신제조업파트너십(AMP 2.0), 스마트표준화 주도, 첨단연구
개발 강화 등이 미국의 전략이다.

한편 미국의 글로벌 기업들은 세계시장을 선도하고 있다. 가
령, 구글은 현재 기계기반 학습 플랫폼을 바탕으로, IoT+Big

Data, 자가운전 자동차, 스마트카, 목소리/이미지 기록에 대한 개발을 진행하고 있고, 차후에는 이를 바탕으로 하는 Big Data 를 활용하여 "국제적인 인텔리전스 서비스"를 제공하려 한다. SNS의 대표주자인 페이스북의 경우 현재는 대화봇 지능형 플랫폼Chatbot Intelligent Platform에서 쇼핑, 여행, 예약서비스를 제공하고 있고, 미래에는 맞춤형 플랫폼Customized Platform에서 여행& 식사장소 추천 서비스에 대한 정보를 제공하려고 준비하고 있다. 한편, 인터넷 상거래의 대표주자인 아마존의 경우는 클라우드 기반 플랫폼Cloud Based Platform에서 수요 예측과 고객선호 서비스를 제공하고 있으며, 미래에는 데일리 라이프 서비스Daily Life Service를 제공하며, 인터넷 추천 서비스 제공, 쇼핑 상품을 제공하려 한다. IBM에서는 현재 왓슨 건강프로그램에서 건강진단과 분석, 환자 정보관리 시스템을 제공하고 있으며, 미래에는 더욱더 많은 응용프로그램을 개발하여 경제와 날씨에 관한 플랫폼을 제작하려한다. 또한, GE에서는 "Predix"라는 산업플랫폼에서 데이터 분석 수용성 강화를 제공하고 있으며 미래에는 현장지식을 적용하여, 현장의 노하우를 바탕으로 한 산업연계 정보를 제공하고자 하는 등 모든 세계적 기업들은 산업혁명4.0 물결에 선제적으로 대응하고 있다.

〈그림 4-3〉 미국의 AI Platform

혁신의 키워드는 속도와 방향

앞으로 혁신의 키워드는 속도와 방향이 될 것으로 예측된다. 특히 속도의 시대, 즉 기업 간의 정보를 얻는 속도, 기술을 발달시키는 속도, 국제 정세를 예측하고 대비하는 속도가 산업경쟁력을 좌우하게 될 것으로 보인다. 세계화와 리더십이 주는 도전 속에서 시대정신을 정확히 꿰뚫고, 정확한 방향성의 진단에 토대를 둔 혁신의 속도, 생각의 속도가 중요하다.

세계화의 경쟁 속에서 세계적 기업들의 혁신 속도는 빨라지고 있다. 심화되는 경쟁구도, 세계적 경기불황, 금융위기 등 세계화의 도전 속에서, 그리고 사물인터넷, 클라우딩, 빅데이터, 모바일로 대변되는 스마트 기술의 발달과 인공지능, 바이오, 생체공학, 로봇 등으로 대변되는 4차 산업 기술의 가속화라는 전개 속에서 우리나라는 어떻게 대응할 것인가? 대응을 잘하면 새로운 기회가 오지만, 대응을 잘하지 못하면 이는 곧 세계시장에서의 퇴출을 의미한다.

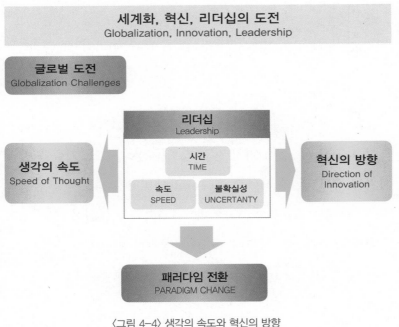

〈그림 4-4〉 생각의 속도와 혁신의 방향

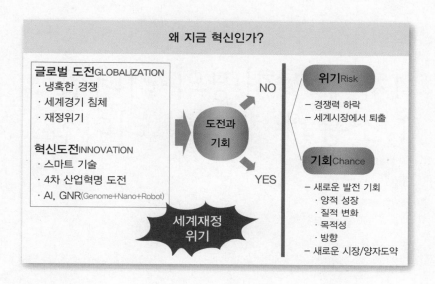

〈그림 4-5〉 세계화와 기술혁신: 새로운 도전과 기회

7

4차 산업혁명의 리더십
: 소통과 책임의 리더십

　2016년 전 세계에 '4차 산업혁명'을 선포하였던 다보스포럼은 정확히 1년이 지난 2017년 '소통과 책임의 리더십Responsive and Responsible Leadership'을 주제로 내놓았다. 왜 다보스포럼은 4차 산업혁명의 급격한 물결 속에서 소통과 책임의 리더십을 핵심의제로 선정하였을까?

　4차 산업혁명이 인류에 가져올 변화는 예측하기 어려운 수준이다. 특히 사회적·정치적으로 불안한 가운데 '4차 산업혁명'이 빠르게 진행되면서, 세계는 불확실성이 더욱 증폭될 것으로 예상된다. 노동 시장의 붕괴, 일자리 감소, 소득격차 확대, 사회양극화 등 4차 산업혁명이 본격적으로 진행된다면, 세계는 불확실성의 확대 속에서 아노미 상태에 놓이게 될 것이라는 위기의식이 증가하고 있다.

이러한 시대적 물결 속에서 다보스 포럼은 그 무엇보다도 '소통하고 책임감 있는 리더십'의 필요성을 강조하고 있다.

소통하고 책임감 있는 리더십은 무엇인가? 클라우드 슈밥은 '소통과 책임의 리더십'에 대해 "불확실성 증가와 기존 시스템 붕괴로 인한 불안감과 좌절감을 느끼는 사람들에 대해 리더가 진솔하게 반응하고, 공정하고 지속 성장이 가능한 대안 제공에 책임감을 가진 리더십World Economic Forum, 2017"이라고 밝혔다.

이는 4차 산업혁명의 가속화 속에서 경제·사회적 발전을 이루지 못한 좌절과 불만이 증가할 것이며, 이들의 상황은 시간이 지날수록 더 불확실해지므로 이에 대응하는 리더십이 필요하다는 것이다.

즉, 4차 산업혁명이 본격적으로 박차를 가하는 지금 이 시대에는 문제의 폭과 복잡성을 경청하고 정직한 설명이 필요하며,

적극적인 해결책을 제시하고, 핵심 가치에 기반을 둔 행동을 취하는 용기와 헌신이 지금 이 시대가 요구하는 지도자의 자질이라는 것이다.

거대한 대한민국을 이끌 선장이 흔들리며 엔진은 꺼져가는 가운데 망망대해 가운데 놓인 우리는 '소통과 책임의 리더십'을 진지하게 성찰해 볼 필요가 있다. 과거와 같은 소통 단절과 제왕적 리더십하에서는 4차 산업혁명이라는 전 세계의 외침에 응답할 수 없으며 세계 시장에서 낙오될 수밖에 없을 것이다.

특히, 국정농단이라는 국내적인 상황뿐만 아니라, 미국을 중심으로 한 보호무역추세의 강화Trumpnomics, 브렉시트Brexit, 글로벌 경제 성장 둔화와 불확실성 증폭, 기후변화 대응 실패와 폭력 및 충돌에 의한 경제적 손실 등은 우리나라의 경제에 엄청난 파고波高로 다가오고 있다. 이러한 시대적 상황 속에 4차 산업혁명은 우리나라를 다시 한 번 세계 속에서 일으킬 수 있는 도전의 기회이며, 반드시 이루어 내야 하는 과제임은 두말할 나위가 없다.

그렇다면, 이러한 위기 상황에서 우리는 과연 소통과 책임의 리더십에 대해 얼마나 진정성 있게 고민하고 대응하고 있을까?

한마디로 총체적 반성과 성찰이 필요하다. 정부와 기업, 그리고 우리 모두 세계적인 경제 석학 제프리 삭스 컬럼비아대 교수가 2011년 발표한, "사회적 책임성의 기풍을 회복하지 못하면 의미 있고 지속가능한 경제 회복을 기대할 수 없다."라는 말을 다시 한 번 진지하게 되새겨야 할 때이다.

8

4차 산업혁명의 정부
: Agile Government

"민첩한 정부Agile government가 필요하다. 기술적 변화를 이해하고 기민하게 대처해야 한다. 기술 혁신은 사람을 위한 것이다. 알맞은 입법 지원이 있어야 한다."

이는 2016년 클라우드 슈밥이 한국을 방문하였을 때, "4차 산업혁명 시대에 발생하는 다양한 문제를 어떻게 해결해야 하는가?"라는 물음에 대해 답변한 내용이다.

그렇다면 '민첩한 정부Agile government'란 어떠한 정부를 의미하는가? '민첩한 정부Agile government'란 상황변화를 민감하게 모니터링하고, 상황변화에 효율적으로 대응하며, 결과가 피드백되는 시스템을 갖춘 유연하고 신속한 정부를 의미한다.

즉, 수요자가 양질의 서비스를 원하는 분야에는 과감하게 자원을 집중시키는 '유연성'과 수요자의 요구를 중심으로 대응하는 '반응성', 이를 빠르게 실현하는 '속도' 등 3가지 요소가 구축된 정부를 의미한다.

우리는 세계의 불확실성이 더욱 증가하는, 예측하기 어려운 변화의 시대에 돌입하고 있다. 이러한 4차 산업혁명 시대에는 환경에 능동적으로 대응해야 한다. 4차 산업혁명 속에서 세계 시장과 기술에 대한 경쟁에 하루라도 늦어진다면, 뒤처지고 결국 낙오자가 될 것이다.

따라서 복잡하고 환경이 급변하는 상황에서 총체적 환경 변화에 신속하고 유연하게 반응하기 위해서는 '민첩한 정부Agile government'가 필요한 것이다.

9

요약 및 결론

그렇다면 여기에 따른 진단과 대책은 무엇인가?

독일, 미국 등 해외선진사례에 대한 정확한 인지와 벤치마킹을 토대로, 우리의 전략을 포지셔닝할 필요가 있다. 스마트공장 표준화와 첨단연구개발 등을 위한 정책방향을 수립하고, 퍼스트 무버First Mover 혹은 패스트 팔로워Fast Follower에 대한 정확한 전략개발이 필요하다. 로봇, 바이오, 무인항공기, 자율주행 자동차, 만물인터넷, 신섬유, 핵융합, 포스트실리콘, 차세대 디스플레이, 데이터 솔루션 등 한국의 10대 신산업에 대한 정확한 정책설계를 바탕으로 국가4차산업혁명전략위원회를 갖추는 등 명확한 집행체계를 갖추어야 할 것이다.

· KEY WORD: 초연결성, 초지능성, 초예측성
· 4차: IT + AI, 나노, 바이오 융합(3차: PC, 컴퓨터 중심)
  ▶ 웨어러브로봇, 초소형로봇, 드론, 자율주행차, 무인항공기 등

해외선진국	정부의 역할
독일 · 인더스트리 4.0, 2012 국가하이테크비전 · 정부 주도의 스마트공장 건설 · 산업과 산업 간 스마트 연결 · 2020: 109억 유로 투입 · IoT사물인터넷 + 스마트공장 　= CPS사이버물리시스템 **미국** · 제조업 발전을 위한 국가 협의체 　혁신제조업파트너십(AMP 2.0) · 스마트표준화 주도 · 첨단연구개발 강화	**대연정 거버넌스체제 필요** · 대통령 주도하에 여야정 통합거버넌스 · 국회는 여론 수렴, 담론 형성 **국가4차산업혁명전략위원회** · 스마트공장표준화 연구 개발 등 　정책방향 수립 · 맥킨지 한국 10대 신산업(by 2030): 　로봇, 바이오, 무인항공기, 자율주행차, 　만물인터넷, 신섬유, 핵융합, 포스트 　실리콘, 차세대디스플레이, 데이터솔루션 　등 · 선도자First Mover, 게임종결자Game Changer

〈그림 4-6〉 제4차 산업혁명: 진단 및 대책

　하지만 이러한 산업적 추진에 뒷받침되어야 할 것은 정치의 역할이다. 대통령과 국회 등 정치권에서는 진정한 소통과 타협의 정신으로 대연정 거버넌스체제를 구축해야 한다. 이를 위해서는 독일, 스웨덴, 아일랜드 사례 등에서 공부했듯이, 1) 국정 최고책임자의 관용과 소통의 리더십, 2) 여·야·정을 포함한 국정 거버넌스체계 구축, 3) 명확한 추진체계를 갖춘 제도개혁에 대한 현실적 비전, 4) 관료들의 혁신마인드 등이 필요하다.

특히 대한민국의 전략은, 아래 그림(그림 4-7)에서 보듯, 정치혁신과 경제혁신이 수레바퀴의 두 축이 되어야 하고, 정부혁신은 정책설계를 통해 전략적 방향을 잘 뒷받침하는 실행체제를 구축해야 한다. 정치혁신은 자유와 공동체의 조화 속에서 공화정 민주주의를 실현해야 하며, 특히 이 시점에서 시대정신인 소득격차 해소와 공동체 복원이라는 문제를 잘 다루어 나가야 할 것이다. 경제혁신은 4차 산업혁명의 파고 속에서 ICBM, 즉 IoT사물인터넷, Clouding클라우딩, Big-data빅데이터, Mobile모바일을 토대로 인공지능, 바이오, 나노, 로봇 등 4차 산업과의 융합을 이룸으로써 산업혁신과 스마트 경제를 이룩해야 할 것이다. 이러한 정치혁신과 경제혁신의 두 축을 효율적으로 잘 뒷받침하는 실행체제를 구축하는 일은 정부의 몫이며, 이는 정부4.0을 통해 구현되어야 한다(그림4-7 전략(I)).

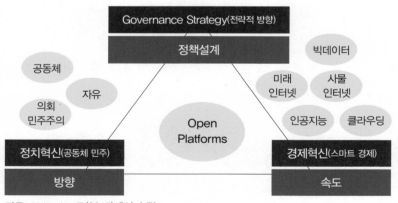

자료: Uslander, T.(2015)에서 수정

〈그림 4-7〉 제4차 산업혁명: 대한민국의 전략(I)

NEXT PRESIDENTIAL AGENDA 4.0

우리의 실행체제는 연구플랫폼에서 산업플랫폼으로, 더 나아가 정치플랫폼으로 유기적으로 연계되어야 하며, 첨단기술과 전략과 정치는 하나로 꿰어져야 한다(그림4-8 전략(II)).

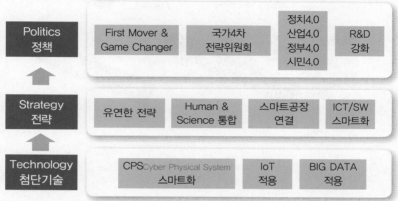

자료: Schleipen(2015)에서 수정

〈그림 4-8〉 제4차 산업혁명: 대한민국의 전략(II)

특히 IoT, CPS, 빅데이터 등으로 대변되는 첨단기술은 스마트 공장과 스마트 공장, 인간과 기술을 연결시키는 유연한 전략으로 구현되어야 하며, 이는 정치4.0, 산업4.0, 정부4.0, 시민4.0 등으로 꿰어지는 일이관지—以貫之의 거버넌스 형태를 띠어야 할 것이다(그림4-9 전략(III)).

정치
산업계
노동계
학계

정치 플랫폼 4.0

| 창조설계 표준규격 | 연구와 혁신 | 보안 연계된 시스템 | 법률 기본 골격 | 노동 기본교육 |

경제 플랫폼 4.0

산업계
학계

| 창조설계 표준규격 | 연구와 혁신 | 보안 연계된 시스템 |

경제정책에서 공동체 혁신으로

연구 플랫폼 4.0

학계
First
Mover

연구에서 산업으로

산업에서 경제정책으로

2012   2013   2014   2015

자료: Dorst, W.(2015)에서 수정

〈그림 4-9〉 제4차 산업혁명: 대한민국의 전략(Ⅲ)

이를 종합하자면 다음과 같다. 대한민국 국가발전 모형은 지속가능한 전략을 취해야 하며, 지속가능한 전략은 방향direction, 기민성agility, 회복력resilience의 함수이다. 기민성은 다시 속도와 유연성으로 구성된다. 즉, 국가전략은 올바른 방향에 대한 설정 속에서 속도를 갖춘 실행체제로서 추진되어야 하며, 이러한 과정에서 정책역량은 기초체력과 면역력, 즉 탄력성과 회복력을 갖추어야 한다.

이를 3단계 모형으로 구현하여 Process(정책과정), People(인적역량), Product(국정결과)로 구분한다면, Process(정책과정)에서는 신속한 국정관리와 함께 법 제도에 기반을 둔 협치강화를 통해 민주주의의 실현이 필요하며, 이를 정치적으로 결집하는 정치과정에서는 여·야·정 간의 진정한 소통과 협치가 필요하다. 또한 People(인적역량)에서는 관료(의원)의 전문성 강화와 함께 시민의 덕성 및 긍정성 강화 노력이 필요하다. 이러한 정책과정과 정치과정이 올바르게 실행된다면 우리는 Product(국정결과)로써 공동체 의식에 기반을 둔 민주주의와 함께 품질 높은 정책에 기초한 인간의 존엄성 증진을 실현할 수 있게 될 것이다.

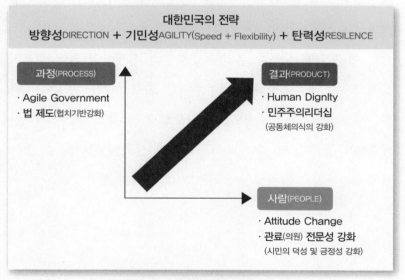

〈그림 4-10〉 대한민국 국가발전 3단계 모형

이를 다시 5단계의 혁신경로를 통해 표현한다면 무엇보다도 확고한 리더십이 필요하다. 여기에서 필요한 강력한 리더십은 발전국가시대에 보던 권위주의적 리더십이 아니라, 법과 제도를 기초로 소통하고 공감하는 거버넌스형 리더십이다. 이러한 리더십의 선도하에 이루어지는 두 축이 기술적 변인을 통한 4차 산업혁명의 신속한 확산과 제도적 변인을 통한 의회중심의 공화정 민주주의(자유, 법치, 공공선, 시민의 덕성)의 확립이다. 이를 통해 행정부 공무원뿐만 아니라 국민 전체의 긍정적이고 적극적인 태도의 확산, 투명하고 공개적인 문화의 정립 등을 이룰 수 있으며, 이를 통해 국가혁신이 완성되는 것이다. 그중에서도 뒤의 두 변인, 즉 태도와 문화는 제도와는 별개로 심리적·문화적 요인을 대변하는 것인데, 왜냐하면 제도만으로 민주주의의 완성을 이루기는 어렵기 때문이다. 우리가 민주주의 정책학을 넘어 성찰적 정책학으로, 혹은 공화제 민주주의를 넘어 성찰적 민주주의를 추구하는 이유도 법과 제도를 기반으로 정치(정책)의 주요 이해관계자들의 마음을 열 수 있는, 그리하여 신뢰를 구축할 수 있는 정치(정책)과정을 정립할 필요가 있기 때문이다.

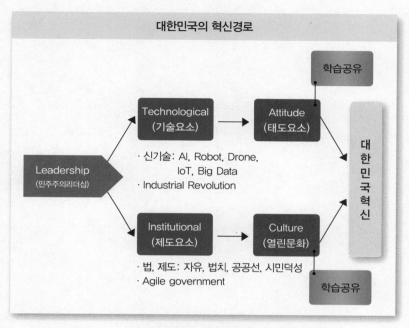

〈그림 4-11〉 대한민국의 혁신경로

자본혁명4.0과
시민혁명4.0

자본혁명 4.0

1) 자본4.0의 개념

칼레츠키A. Kaletsky는 그의 저서 『자본주의 4.0Capitalism 4.0』에서 서구자본주의의 진화과정을 네 단계로 설명하면서, 2008년 세계 금융위기 이후 자본주의 4.0시대가 시작되었다고 주장한다.

자본주의 1.0은 자유방임 고전자본주의, 자본주의 2.0은 정부주도 수정자본주의, 자본주의 3.0은 시장주도 新자유주의, 자본주의 4.0은 소통과 배려와 덕행에 기초한 열린 공동체를 강조하는 따뜻한 자본주의이다. 즉, 자본주의 4.0은 자본주의 3.0으로는 도저히 지속가능Sustainable하지 못할 정도로 피폐해진, 자본주의의 극심한 폐해에 대한 대안으로 모색하게 된 성찰적 패러다임이라고 볼 수 있다. 양극화 현상, 중산층의 붕괴, 비정규직·중소기업·빈곤층 등 신자유주의의 전 지구적 무한경쟁 속에서 탈락한 패자敗者가 우리 사회의 불안 요인으로 떠오르게 된 것이 바로 그 원인이다.

자본1.0 자유방임 고전자본주의 (A. Smith)	자본2.0 정부주도 수정자본주의 (Keynes)	자본3.0 시장주도 新자본주의 (NPM, NL(신자유주의))

자본4.0 따뜻한 자본주의

· 소통과 배려와 덕행에 기초한 열린 공동체를 강조
· 자본주의의 극심한 폐해 속에서 우리 사회의 새로운 불안 요인들에 대한 대안으로서 모색하게 된 성찰적 패러다임
· 새로운 불안 요인으로 등장한 양극화, 중산층의 붕괴, 비정규직·빈곤층 등 신자유주의 문제점에 대한 반성과 성찰의 결과로 대두됨

아나톨 칼레츠키

〈그림 5-1〉 자본주의 4.0

2) 자본의 탐욕

자본은 원래 탐욕greed을 기본 동기로 한다. 이윤에 대한 욕심이 없다면, 자본주의와 시장은 작동하지 않는 것이다. 아담 스미스는 국부론에서 "우리가 맛있는 식사를 할 수 있는 이유는 푸줏간 주인이나 양조장 주인, 또는 빵집 주인의 배려심 덕분이

아니라 그들의 개인적인 이익 추구 때문이다."라고 주장했다. 자본가의 이윤동기가 없다면, 시장을 기반으로 한 경쟁, 모험, 도전, 기업가 정신도 발현되기 어려웠을 것이다.

　하지만 많은 논자들이 지적하는 바와 같이 지금의 자본주의의 작동양식이나 자본가의 탐욕, 그리고 그로 인한 부작용은 벌써 도를 지나쳤다. 2012년에 발생한 "월 가街를 점령하라Occupy Wall Street." 등의 사건들이 상징적으로 보여주듯이, 상위 1%의 탐욕에 맞서는 99%는 비탄하고, 절규하고 있다. 글로벌 금융위기의 주범이었던 금융회사들이 천문학적 규모의 공적자금 덕분에 막대한 수익을 올리면서 수천만 달러 연봉과 성과급으로 '탐욕잔치'를 벌이고 있다. 우리나라도 예외가 아니다. 저축은행 사태로 보여준 금융권과 금융당국의 총체적·도덕적 해이, 금융회사들의 보너스·배당잔치, 최근 조선회사 및 선박·해운회사들의 수조원에 달하는 분식회계와 부정적인 업무처리 등이 국민을 분노케 한다. 양극화, 불평등의 심화 속에서 국민들의 74%는 갑과 을의 관계가 지나치게 불공정하다고 인식하는 등 기득권 세력, 친재벌 중심의 정책에 대한 시장경제시스템 개혁에 대한 목소리도 높은 실정이다.

3) 한국자본주의4.0

한국자본주의 역시 네 단계의 진화 과정을 밟아 왔다. 한국 자본주의 1.0은 이승만 정부 시대로, 자유민주주의와 시장경제를 표방했으나 제대로 실현되지 못했던 시기이다. 한국자본주의 2.0은 박정희 정부 시대로, 강한 정부와 시장경제를 기반으로 '한강의 기적'이라 불리는 초고속 압축성장을 이루는 데 성공했다. 한국자본주의 3.0은 정치 민주화로 시작된 김영삼 정부 이후의 시기이다. 한국에서 처음으로 문민정부가 등장하여 자유민주주의와 시장경제의 기반을 닦는 계기가 되었으며, IT강국은 물론 G20 의장국이라는 성과를 거두었다(2010년에 한국은 UN 세계전자정부 평가에서 1위를 기록하였다). 실로 한국은 현대사의 우등생이었다. 세계 최빈국으로 현대사에 가입한 한국은 21세기 문턱을 넘은 지금, 세계 10위권 경제대국으로 올라섰다.

하지만 이런 과정을 거친 한국은 극심한 양극화 현상과 급속한 중산층 붕괴 현상을 목격하고 있다. 한국자본주의는 새로운 도전에 직면하고 있는 것이다. 지금 우리에게 필요한 자본주의는 승자독식勝者獨食, 우승열패優勝劣敗의 먹이사슬을 끊고, 키 높은 침엽수에서부터 바닥의 이끼까지 모두 제 역할을 할 수 있는 공생共生의 생태계 숲처럼, 새로운 상생의 성찰적 자본주의 패러

다임이라고 할 수 있다.[17]

   한국자본주의 4.0의 키워드는 소통, 배려, 덕행에 기초한 공존, 공생 그리고 상생의 공동체이다. 이러한 새로운 패러다임이 정착되기 위해서는 무엇보다 대화와 타협, '사랑 나눔'의 사회문화가 형성되어야 한다. 자본주의 2.0에서는 정부의 역할이 강조된 톱다운Top-down 방식의 정부 관료제 모형이었다면, 자본주의 4.0에서는 정부와 기업, 그리고 시민사회의 신뢰와 협동을 기초로 한 성찰적 거버넌스Governance가 강조된다. 이러한 과업은 거버넌스의 투명성transparency와 책임성accountability 제고, 의사소통communication 구조의 개선, 지속가능한 복지sustainable welfare 등을 토대로 한 상생相生의 공동체 구축이 이루어질 때 성공적으로 실현될 수 있을 것이다.

자본1.0 자유방임 고전자본주의 (이승만)	자본2.0 정부주도 수정자본주의 (박정희)	자본3.0 시장주도 新자본주의 (YS, DJ, MB, GH)
· 자유민주주의와 시장경제 표방 → 제대로 실현되지 못함	· 빈곤으로부터의 탈출을 목표 · 강한 정부와 시장경제 　→ 한강의 기적 　→ 초고속 압축성장 문제점	· 정치민주화로 시작 · 자유민주주의와 시장경제의 기반 　→ IT강국, G20 의장국 　→ 세계 10위권의 경제대국 　→ 극심한 양극화, 급속한 중산층 　　붕괴(학력, 노동, 소득 등의 　　양극화 심화)

새로운 도전에 직면

· 극심한 양극화 현상
· 급속한 중산층 붕괴 　→　 지속 불가능

· 승자독식, 우승열패의 먹이사슬을 끊음
· 침엽수에서부터 바닥의 이끼까지 모두 제 역할을
　할 수 있는 공생의 생태계 숲 조성
· 상생의 성찰적 자본주의 패러다임 필요

자본4.0 따뜻한 자본주의

· 소통, 배려, 덕행에
　기초한 상생의 공동체
· 대화와 타협, 사랑과
　나눔의 사회문화 형성
　→ 기업의 공정한 게임
　→ 성찰적 공동체 강조

〈그림 5-2〉 한국의 자본4.0

2

시민혁명4.0

1) 시민4.0의 개념

시민4.0도 유사한 틀로 이해할 수 있다. 시민1.0은 건국 혼란기의 이승만 정부 시대이다. 이 시기에는 해방 이후 이념 갈등에 따른 극심한 국가 혼란기를 겪으면서 시민들 역시 혼란할 수밖에 없었다. 모든 사회적 역량이 건국에 초점을 두고 있었으며, 따라서 시민들의 시민사회 형성 및 발전 수준이 매우 낮은 상황이었다. 시민2.0은 산업화시대의 박정희 정부 시대이다. 이 시기에는 군부독재 아래 빠른 산업화 경제성장을 이루며, 산업화를 위해 경제 활동에 참여하는 노동자층과, 민주화 운동을 하며 독재에 항거하는 운동권계열로 나누어진 상태로 이해할 수 있다. 빠른 경제적 성장을 이루었으나, 민주성은 퇴보되었으며, 시민사회도 노동자계층과 민주화 운동 계층으로 나뉜 시기이다. 시민3.0은 1987년 이후 직선제 부활 후 김영삼 정부 이후의 시대이다. 이 시기에는 경제성장덕분에 의식주 문제가 과거에 비해 어느 정도 개선된 시기로, 시민들은 더 이상 독재가 아닌 사회에서 자유롭게 의사표현을 하며 민주주의가 꽃피어 우리사회가 아름다워질 거라는 낙관론이 지배하던 시기이다. 하지만, 시민들은 현실에서의 희망과는 달리, 개인의 삶이 크게 나아지는 부분이 없이 오히려 부의 양극화가 심화되기 시작하는 것을 목격하였다. 또한 시민들에게서 개인주의적인 성향이 강하게 나타나면서 시민들 상호 간의 불신과 정부에 대한 불신이 강해진 상태라고 할 수 있다.

우리나라는 정부주도 빠른 경제성장으로 OECD에 가입하고 전 세계 GDP 11위에 올라섰지만, 빠른 양적성장과 불균형 경제개발전략의 부작용으로 대기업 혹은 자본가 중심의 부의 양극화 현상, 중산층 붕괴, 재벌 중심의 경제성장정책에 따른 정부에 대한 불신, 극심한 개인주의 현상으로 사회 공동체가 병들게 되었다. 소득 수준 간 시민들의 상대적 박탈감은 심화되었으며, 이는 계층 간 갈등, 저출산 문제로 이어지고 있다. 언제든지 폭발할 수 있는 초갈등사회로 변모한 것이다(국민대통합위원회, 2016).

2) 시민4.0의 덕목

그렇다면, 이러한 상황에서 우리가 희망하는 시민4.0은 무엇일까?

공자가 평소 삶에서 추구한 네 가지 덕목이 논어 자한편에 나온다. 공자는 1) 주관적 억측이 없었고, 2) 무리하게 관철시키는 자세가 없었고, 3) 묵은 것을 굳게 지키는 '고집'이 없었고, 4) 자신만을 중시하는 '아집'이 없었다子絶四 毋意 毋必 毋固 毋我(논어 자한). 또한 논어 학이편에는 공자가 지닌 다섯까지 덕목이 나온다. 그것은 바로 1) 온화함溫, 2) 선량함良, 3) 공손함恭, 4) 단속함儉, 5) 겸손함讓이다.

노자는 도덕경에서 "도는 만물을 낳고道生之, 도의 힘인 덕은 만물을 기른다德畜之"라고 하였다. 도는 만물의 근원에 존재하는 보편적 원리로 보았다면, 덕은 도를 체득함으로써 얻게 되는 시민의 품성으로 보았다. 이어서 이러한 품성의 일환으로 "나에게는 세 가지 보물이 있으니, 1) 첫째는 인자함이요, 2) 둘째는 자신을 절제함이며, 3) 셋째는 감히 천하에 앞서지 않는 것이다."라고 하였다我有三寶 持而保之 一曰慈 二曰儉 三曰不敢爲天下先.

맹자에게 있어서 이는 인의예지仁義禮智 사단으로 정리된다. 아리스토텔레스 역시 덕이란 시민이 갖추어야 할 훌륭한 상태로 보았다. 용기, 절제, 관용, 학문, 이성, 지혜 등을 개인적인 덕목으로 보았으며, 더 나아가 인간이 공동체 생활을 함에 있어서 요구되는 덕목으로 '타인에 대한 선善'에 해당하는 정의正義와 공동선共同善이 필요하다고 보았다.

시민4.0은 민주사회의 책임 있는 주체적 구성원으로서 덕성 있는 시민이다. 정부나 정치권 어느 진영에도 예속되지 않은 자신의 독립성과 주체성을 보유하고, 자신의 삶을 스스로 책임지는 자세를 갖춘 성찰적 시민이다. 여기에는 시민들 스스로의 각성이 필요하다. 새로운 정치모형이나 자본모형만으로는 자신의 행복을 담보할 수 없다는 냉철한 각성과 시민의식을 바탕으로, 스스로의 삶에 책임을 질 줄 알아야 한다. 그리고 이 사회는 우리가 주인이라는 주체적 각성이 필요하며, 정치권도 우리가 변화시킬 수 있다는 주권적 각성이 필요하다.

물론, 이때 정부와 정치권의 역할은 중요하다. 정부와 정치권은 우리 사회의 지도층으로서 올바른 정책을 펼 의무가 있다. 극심한 자본과 소득의 불균형으로 인한 민생의 피폐, 불공정한 게임의 지속, 건강한 공동체의 복원을 위한 공교육 강화, 사회 안전망 및 사회보장제도의 구축 등 공동체 민주주의의 구현을 위한 일차적 책임은 정치권과 정부에게 있는 것이다. 또한, 정부는 평생학습과 재교육 등을 통해 시민들에게 끊임 없이 자기 발전의 기회를 제공해야 한다.

하지만 시민들은 여기에 머무르거나 기대서는 안 된다. 정치권이나 정치논리에 의존해서는 안 된다는 의미이다. 시민 스스로 주체적 역량을 보유하며 스스로의 삶에 책임을 질 줄 아는 자세가 필요하다. 시민 각자는 사회의 주인이다.

시민이 스스로 주체가 되어 따뜻한 공동체를 구현해 나가려는 의지와 역량을 형성해 나갈 때 행복한 사회의 구현을 앞당길 수 있다. 그리고 그러한 각성을 통해 시민사회가 주체적인 실체로 자리매김할 때, 시민이 스스로 주권자라는 확고한 책임의식과 권리를 확보할 때, 정치권이나 지도층 그 누구도 함부로 할 수 없는 사회가 되는 것이다. 그것이 주체적 역량과 덕성을 함양하는 성찰적 시민이요, 시민4.0의 지향점이 되는 롤모델이라고 할 수 있다.

요약 및 결론
: 시민혁명4.0
실현방안

3

시민혁명4.0을 실현하기 위한 방안을 요약하면 다음과 같다.

첫째, 정부는 시민4.0을 이룩하기 위해 평생교육과 실업으로
인한 재교육의 기회를 제공해야 한다. 이러한 교육의 기회를 통
해 시민들이 언제든지 자기개발 욕구를 실현할 수 있도록 지원
해야 한다. 이와 함께 사교육을 줄이고, 공교육을 강화시켜 나
가야 한다. 자본가나 재벌들이 탈법을 저지르고 일감 몰아주기
를 못하도록 엄격하게 규제하는 등, 갑과 을 간의 불공정한 관
계를 바로잡기 위해 노력해야 한다. 대기업과 중소규모의 영세
기업들이 상호 간의 공정한 경쟁을 할 수 있도록 해야 하며, 이

를 통해서 공정성장을 이룰 수 있는 기반을 조성해야 한다.

둘째, 시민은 정부나 정치권, 혹은 사회구조적인 탓만을 할 것이 아니라, 자기 자신의 문제점을 되돌아보고 하나씩 자신의 모순을 고쳐 나가기 위한 노력이 필요하다. 정부나 자본의 새로운 모델이 나타난다고 하여 개인의 행복이 보장되진 않는다. 시민들 또한 함께 바뀌어야 한다. 맹목적인 정부에 대한 불신을 바탕으로 정부나 정치권을 비난하기만 해선 안 된다. 맹목적인 비난은 발전이 없기 때문이다. 사회구조적인 책임도 분명 존재하겠지만, 개인이 어떤 노력을 했는지 되돌아볼 필요성이 있다.

시민은 성찰을 통해 자신이 사회나 국가를 위해서 어떤 노력을 해야 하는지 냉정하게 자가진단을 한번 해 볼 필요가 있다. 한편 끊임없이 변화하는 새로운 산업체계 속에서 노동시장에 적응하는 전문기술과 경쟁력을 가져야 한다. 물론 이는 국가의 평생교육과 재교육 등 교육기회 제공과 함께 맞물려 진행되어야 한다.

셋째, 자본의 역할도 중요하다. 시장은 맹목적인 자본가의 이윤추구에만 이용되는 것이 아니라, 따뜻한 공동체, 성숙한 자본주의를 위해서 존재하는 것이다. 대기업이나 자본가 역시 엄청난 부의 축적에서만 자신의 성취나 보람을 찾을 것이 아니다. 카네기나 빌 게이츠 등 몇몇 훌륭한 자본가들이 롤모델이 되어 줄 것이다. 자신의 성취한 부를 일정부분 사회에 나누고 공생발전하는 것에서 자신의 보람과 의미를 찾아야 한다. 지금과 같이 맹목적인 자본주의와 도덕성이 상실된 자본축적의 행태가 지속된다면, 자본가와 노동자 간의 갈등이 더욱 심화될 것이며, 그것은 결코 지속가능한 사회형태가 아니다. 또한 시민의 불신으로 인해 자본주의 자체가 위기를 맞이할 수도 있을 것이다.

시민4.0

시민1.0 건국혼란기 (이승만)	시민2.0 산업화시대 (박정희)	시민3.0 신자유주의(탈산업화, 세계화, 정보화) (YS, DJ, MB, GH)

시민4.0 공화제 민주주의: Action Plan

· 공화제 민주주의 핵심 구성원으로서의 성찰과 학습 강조
· 새로운 정치모형이나 자본모형만으로는 시민들의 행복을 구할 수 없음
· 무엇보다 시민들이 주체가 되어 따뜻하고 복된 공동체 구현 필요
· 불평, 불만보다는 시민 개개인들이 스스로 할 수 있는 것은 무엇인지 성찰하고 자아실현할 수 있는 국가의 모습이 필요
· 이때 정부의 역할은 시민들에게 재교육 및 평생교육 형태의 자기발전 기회 제공
· 평생학습과 성찰을 통한 따뜻한 공동체 지향

〈그림 5-3〉 한국의 시민4.0

정책사례
: 단 한 명의 낙오자도 없다, 핀란드 교육

"한국 학생들이 세계에서 가장 우수한 학생들에 속하는 것은 사실입니다. 하지만 세계에서 가장 행복한 아이들은 아니에요. 공부를 많이 해야 하고 경쟁이 치열하니까요."

2006년 국제학업성취도평가 책임관리자가 남긴 말인데, 여러분은 어떻게 생각하시나요? 공감하는 분들이 많으리라 생각됩니다만, 아이들이 행복해지는 교육이란 어떤 것일까요?

힘겨운 경쟁이냐? 함께하는 협동이냐?

요즘 학교 앞을 지나다 보면 학생들이 한숨을 쉬는 소리를 자주 듣는데요, 공부하기 싫다, 석차가 낮다, 누구는 잘하는데 나는 왜 못할까 같은 이야기를 자주 듣게 됩니다. 뛰어 놀아야 할 시기인데 경쟁에만 집착해야 되는 우리나라 학생들의 현실이 참으로 안타까울 때가 많습니다.

경쟁이 아니라 함께 협동을 하며 노는 듯이 공부를 하면 어떨까요? 꿈같은 이야기, 하나의 공허한 소리일까요? 국제학업성취도 평가에서 높은 성적을 거두고 있는 핀란드가 이렇게 하고 있습니다.

우리와는 사뭇 다른 교육방식인데요. 그래서 여기에서는 "협동의 교육, 낙오자를 남기지 않는", 핀란드 교육에 대해서 알아보겠습니다.

핀란드 교육정책의 의의:
어떤 아이의 재능도 허투루 잃어버릴 수 없다!
핀란드 교육을 한마디로 정의하자면, 협동과 평등입니다.
에르끼아호 핀란드 교육청장은 "우리는 풍부한 자원이 없기 때문에 어떤 아이의 재능이건 잃어버릴 여유가 없다."라고 합니다. 모든 학생들이 평등한 출발선 속에서, 낙오자 없이 교육을 마치는 것을 목표로 하고 있습니다.

핀란드의 협동과 평등의 교육정책
그럼 핀란드 교육정책의 핵심내용을 먼저 살펴볼까요.

첫째, 수준별 교육을 폐지했습니다. 이전에는 우등, 열등반을 분리하였지만, 교육개혁 이후에는 모든 학생들의 교육 수준을 함께 끌어올리기 위해 함께 교육을 받게 합니다.
"우리 아이가 다른 아이에 비해 많이 뒤처지지는 않을까?, 누구는 학원을 몇 개나 다닌다는데, 우리 아이는?" 이런 종류의 경쟁이 아닌, 핀란드는 공교육을 통해 다 같이 수준을 끌어올리는 방식을 지향합니다.
이에 부모들도 과도한 사교육 경쟁을 하기보다는, 수업은 학교에 맡기고, 부모는 아이에게 하고 싶은 것을 할 수 있도록 돕습니다. 그러니 우리나라의 학부모들은 참 많이 부럽겠죠.

둘째, 높은 수준의 교사입니다. 과도한 체벌이나 교사의 자질문제로 자주 시비에 휘말리는 우리의 교육과는 다르게, 핀란드 교사들은 모두 석사학위 이상을 소지하며 교사가 되기 위한 경쟁 또한 10대 1수준으로 매우 높습니다.

교사가 되기만 하면 끝이 아니라, 교사가 된 이후에도 대학에서 매년 5~6일간 성취도 수준이 다른 학생을 한 교실에서 각 수준에 맞게 가르치기 위한 연수를 진행합니다.

굳이 사교육이 아닌, 공교육에 학생들을 맡겨도 되도록, 높은 수준의 전문성을 지닌 교사들을 학교에 배치하기 위함입니다.

셋째, 학생들이 민주주의의 자율성과 책임성에 대해서 스스로 배울 수 있는 프로그램을 진행하는데, '키바 코울루 프로그램'이라고 부릅니다. '키바'는 '좋은'이라는 뜻이고, '코울루'는 학교, 따라서 '좋은 학교'라는 뜻입니다.

우리나라의 학생들은 민주주의라고 하면, 교내에서 반장, 부반장 선출 정도로 알고 있지만, 핀란드 아이들은 직접 교실 내에서 역할극을 하거나, 영화를 감상하면서, 스스로 논의와 숙의과정을 거쳐 '키바 규정'을 만듭니다. 이는 학교 내에서 학생들이 직접 겪는 문제들을 학생 스스로 풀어나가는 방법으로, 실제 학교 교칙이 됩니다. 스스로 생각하며 의사결정을 내리는 것을 어릴 적부터 배워 자립심을 키우게 됩니다.

우리나라의 학생들은 심각한 수준의 부모의존성이 있지만, 핀란드는 이처럼 공교육에서 스스로 자신이 해답을 찾아 나갈 수 있도록 비전을 제시합니다.

마지막으로, 성적표에는 학급석차가 아닌 자신이 선생님들과 함께 정한 성취목표를 점검할 수 있습니다. 이는 학생들에게 성적에 대한 압박보다는 자신의 수준에 맞는 교육을 진행할 수 있게 만들어 줍니다.

이처럼, 핀란드교육은 협동과 평등을 강조하고 있습니다.

협동과 평등이 함께 가는 교육의 중요성

하지만, 지금 우리나라의 교육정책은 경쟁만을 지나치게 강조합니다. 학생들이 함께 모여 다 같이 협동하기보다는, 개인별 성적에만 치중합니다. 이는 내 아이만 잘되면 된다는 식의 이기주의적 교육방식을 통해 이기적인 학생들을 양산하게 되는 결과를 낳아, 공동체 민주주의에 필요한 협동의식이나 시민의 공동체 정신을 약화시키게 됩니다.

우리나라 초·중·고 교육에서 지금 당장 협동하는 방식이나 평등의 가치를 지향하는 것은 쉽지 않을 것입니다. 하지만 핀란드식 교육정책을 잘 참고하여, 1) 공교육 강화 2) 학생들의 전인격 함양 3) 함께 발전을 도모하는 협동정신의 고취 등이 우리나라 교육현장에도 자리 잡을 수 있기를 기대해 봅니다.

정부혁명4.0

1

마크무어의
정부모형

마크 무어Mark Moore(1995)는 공공가치모형PVM을 제시했다. 공
공가치모형은 기존의 관료제모형과 NPM모형을 넘어 공공가치
를 창조하는 모형이다. 전통적 관료제 모형을 제1세대 정부, 경
쟁적 시장가치에 기반을 둔 NPM모형을 제2세대 정부라고 한다
면, 마크무어는 단순한 정부와 시장의 이분법적 접근을 넘어서
공공가치를 지향하는 정부모형을 공공가치모형PVM: Public Value
Management이라고 불렀다.[18]

	전통적 관료제 모형	신공공관리(NPM)	공공가치관리(PVM)
공익	정치인(행정) (독단적 정의)	고객의 선택 (개별 선호의 집합)	개인과 공공의 선호 (시민의 숙의에 기초)
성과목표	투입에 초점	투입 및 산출	공공목표의 다양성 · 산출 · 성과 · 만족 · 신뢰 · 투명성 · 책임성
책임체계	정부부처를 통해 정치인, 정치인을 통해 의회로의 상향식	성과계약에 의한 상향식, 때때로 시장기제를 통해 고객에 대한 하향식	복합적 책임체계 · 정부의 감독자로서 시민 · 서비스 사용자로서 고객 · 정부예산에 대한 납세자
서비스 전달체계	계층제적 관료제 (명령과 통제)	민간분야 또는 책임운영기관의 활용 (시장기제)	정부 및 민간의 다양한 수단의 조합 * 민간기업, 합작회사, 이익 집단, 지역공동체 등 민관협력
서비스 전달방식 /정신적기초	정부의 독접 (정부의 일방적 제공)	고객지향적 서비스 (영리의 강조)	다면적 서비스 (공공서비스는 공동체의 중요한 공동자원)
시민참여의 역할	제한적—선거에 의한 간접적 압박	제한적—소비자 만족도 등의 형태로만 표시	다면적 역할 (시민, 고객, 납세자 등 핵심 이해관계자)
정부의 역할	최고지도자(대통령) 등 정치적 지시에 따름	성과관리에 치중	· 네트워크거버넌스 · 신뢰구축 · 시민/이용자 선호에 즉각적 대응

자료: Mark Moore(1995); Kelly and Muers(2002)에서 수정인용

〈그림 6-1〉 정부모형의 변화: 관료제, 신공공관리, 공공가치관리

마크무어 모형은 공공가치public value를 중요시하는 국정운영모형이다. 공공가치를 중시하는 민주적 국정관리에서는 가치가 무엇인지에 대한 방향을 잡는 일이 무엇보다도 중요해진다. 즉 일을 열심히 하는 것Do things Right보다 일의 방향을 정확하게 설정하는 것Do the Right things이 중요하다. 이런 관점에서 정부3.0은 "정부가 올바른 일을 올바른 방법으로 하도록 하는 정부형태"라고 할 수 있으며, Gartner(2010)가 언급했듯이, '올바른 방향설정right direction', '변혁transformation'을 강조하는 국정운영모형이라고 하겠다.

구체적으로 〈그림 6-1〉을 통해 이전의 정부 모형과 정부 3.0의 공공가치모형을 공익public interest, 성과목표performance objective, 책임체제dominant model of accountability, 서비스 전달체계preferred service deliverer, 서비스 전달방식approach to public service ethos, 시민참여의 역할role for public participation, 정부의 역할goal of managers을 기준으로 살펴보면 다음과 같다(권기헌, 2014: 789-790).

첫째, 공공가치관리 모형에서 공익은 국민 개개인의 선호이며, 이러한 공익은 시민들의 숙의과정을 통해 도출되어야 함을 주장한다. 둘째, 성과목표는 단순히 투입과 산출만을 고려하는 것이 아니라, 서비스에 대한 만족, 결과, 신뢰, 합법성, 책임성에 이르기까지 다양한 성과를 달성하는 것을 목표로 한다. 셋째, 책임성을 확보하기 위하여 시민은 납세자로서 정부에 대한 감시자이며, 동시에 고객/이용자로서 역할을 한다. 넷째, 서비스 전달체계에 있어 정부, 정부와 직접적인 관련이 있는 공기업뿐만 아니라, 민간기업, 합작회사, 이익집단, 지역공동체 등 다양한 이해관계자stakeholder를 포괄하는 민관협력 형태의 전달체계 구축이 필요하다고 본다. 다섯째, 이러한 맥락에서 서비스 전달방식이나 정신적 기조에 있어서도 특정 국가기관의 독점monopoly은 방지되어야 하며, 공공서비스가 공동체의 중요한 공동자원으로 다뤄져야 한다. 여섯째, 시민의 역할모형은 고객·시민·핵심 이해관계자 등 다면적multifaceted 역할형태로 존재한다. 즉, 정부 3.0에서는 다양한 이해관계자들이 결집하고 목소리를 내는 가운데 이러한 이해관계자들의 이익을 조정하고 그 공통분모를 발견해 나가려는 노력을 요구한다.

다양성·동태성·복잡성을 특징으로 하는 현대사회에서 그 정책과정 역시 다양한 이해관계자들의 상이한 목소리와 이익실현을 위한 동태적 과정으로 진화해야 하며, 정부는 합의된 공익이라는 가치를 실현해야 하는 것이다. 또한, 시민들의 만족 수준

역시 변화하고 있다. 과거 정부 1.0에서는 단순히 공공서비스를 더 많이, 혹은 정확하게 제공받는 데 만족했다면, 정부 2.0의 참여 및 공유의 수준에서 나아가 정부 3.0의 시민들은 보다 질 높은 서비스를 맞춤형으로 제공받고 싶어 하는 등으로 변화하고 있다.

이런 관점에서 정부의 역할은 관리자로서 서비스 품질을 보장하기 위하여 시민과 이용자의 선호에 빠르게 대응하는 것이며, 이에 맞춰 정부의 규제 및 권한을 새로 정비하여 신뢰를 구축하는 데 관리의 목적이 있다. 따라서 정부는 개방성과 투명성, 그리고 다양한 이해관계자들 간의 균형을 어떻게 이룰 것인가를 고민하는 숙의적 거버넌스의 실현이 중요한 과제이다(Kelly & Muers, 2002). 마지막으로 정부 3.0은 정부의 책임성accountability을 강조한다. 정부 1.0이 내부운영의 효율성, 정부 2.0이 정부와 시장과의 관계를 강조했다면, 정부 3.0은 정부가 시장과 시민사회와의 협력적 관계 속에서, 국민들의 생명과 안전 그리고 행복이라는 가치에 보다 집중한다. 그리고 이러한 목적가치를 토대로, 이를 실현하기 위한 다양한 정책수단들의 연계와 체계화된 작업을 요청한다.

정부3.0에 대한
비판적 고찰

1) 개념

정부3.0은 박근혜 정부의 국정 아젠다agenda로, 개인별 '맞춤 행복'을 위하여 국민 입장에서 행정서비스를 창출하고 제공하는 국민중심 서비스 정부를 지향하는 새로운 정부혁신의 모습을 상징하고 있다. 정부3.0은 정부와 국민 간 양방향 소통을 넘어, 정부가 국민 개인이 원하는 서비스나 정보를 제공하는 정부모형으로서, 투명한 정부·유능한 정부·서비스 정부를 표방하고 있다 (안전행정부, 2013: 2). 즉, 정부 3.0 이란 '국민중심·현장중심' 행정의 열린 정부 구현을 통해 정부 부처 간, 정부와 지자체 간, 정부와 민간 간 정보의 개방과 공유, 소통을 통해 각종 현안을 해결하고 경제활동을 극대화해 국민행복시대를 열겠다는 목적을 지닌 정부운영모형이다. '국민 모두가 행복한 대한민국'이라는 비전을 중심으로 '수요자 맞춤형 서비스 제공'과 '일자리·신성장 동력 창출'을 목표로 하여, 이를 위한 3가지 전략, '서비스정부'·'투명한 정부'·'유능한 정부'를 설정하고, 개방, 공유, 소통, 협력이라는 4대 핵심가치를 표방하였다.

2) 실증적 비판

정부3.0모형에 대한 연구 결과 여러 가지 현실적 문제점들이 발생하였다. 예컨대 권기헌 외(2015)의 연구결과, 구체적인 행정 혁신의 의미와 내용 그리고 범위에 대한 설정이 없이 연계성이 낮은 다양한 주장들과 정책이 범람하고, 후속 사업 추진이나 활동과 관련한 평가기준이 혼란스럽다는 문제점이 제기되었다.

구체적으로 정부3.0이 강조하는 개방·공유·소통·협력은 '수단적' 성격을 지니며, 이러한 성격으로 인해 정부3.0은 '일하는 방식의 개선'을 위한 과제의 수단으로 인식되고 있다. 그동안 '수단적' 성격만 부각됨으로써 상대적으로 정부3.0이 궁극적으로 추구하는 '본질적' 가치에 대한 논의는 충분치 않았던 것이 현실이다. 동일한 맥락에서 현재 우리나라의 정부3.0은 수단이기 때문에 이를 통해 정부3.0의 궁극적인 목표를 달성해서 국민이 체감할 수 있는 본질적 가치가 실현되는 사례 역시 부족하다. 그 때문에 박근혜 정부의 정부3.0은 적극적인 홍보에도 불구하고 국정운영에 대한 국민과의 소통과 정부3.0의 필요성에 대한 공감대 형성에 한계를 나타내는 것이다.

이는 단기적으로 보았을 때, 이후의 정책 성과 판단에 갈등과 혼선이 빚어질 수 있다는 문제점을 안고 있으며, 장기적으로는 향후 정부의 행정서비스 제공에 대한 신뢰 자체가 무너지는 등의 우려를 낳게 되는 것이다.

3) 이론적 비판

정부3.0은 개방·소통·공유·협력 등을 하위 수단으로, 서비스 정부·투명한 정부·유능한 정부를 목표로 하고 있으나, 이는 '국민이 주인이 되는 국가'라는 최종목표를 달성함에 있어서 목표-수단의 연결고리가 논리성을 이루지 못하고 있다(권기헌 외, 2015).

이는 박근혜 정부의 정부3.0 개념이 공공가치가 무엇인지, 시대정신이 무엇인지에 대한 근본적 고찰이 이루어지지 못한 채

정부모형이 정립된 데 기인한다. 공권력의 사유화로 인한 국정
농단과 권력형 비리문제는 이러한 논의 자체를 원천적으로 무
의미하게 만든다. 유능하고 창조적인 정부를 설정하였으나 세
월호, 메르스, 구의역 사고, 경주지진과 같은 대형재난에서부터
미세먼지, 전기요금 누진세와 같은 민생대책에 이르기까지 정부
가 얼마나 유능하고 스마트하게 움직였는지에 대해 의문을 갖게
한다. 또한 추상적 개념정의로 인해 정부3.0을 추진하는 일선
현장의 공무원들 역시 혼란을 겪고 있으며, 나아가 국민과의 소
통과 공감대 형성에도 어려움이 발생하게 된 것이다.

정부3.0에 대한
개념적 이해

　좋은 거버넌스란, 아래 〈그림 6-3〉에서도 보듯이 생산성, 민
주성, 성찰성이 조화를 이룬 정부이다. 스마트 정부 구축을 통
해 효율적이고 생산성 높은 정부를 구현하고, 국민과의 소통을
원활히 하고, 국민의 참여를 증진시키는 민주적인 정부를 구현
하면서, 더 나아가 국민들이 원하는 시대정신을 정확히 읽고 그
에 부응하는 성찰적 정부이다.

　앞에서도 언급했듯이, 바람직한 정부모형은 'Do things right'
이 아닌 'Do the right things'이다. 이러한 관점에서, 정부모형
의 핵심가치에는 우리 정부의 국정철학과 시대정신이 반영되어
야 한다.

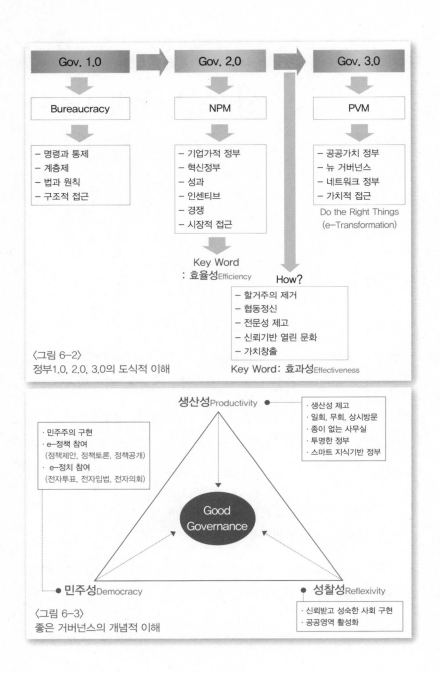

〈그림 6-2〉
정부1.0, 2.0, 3.0의 도식적 이해

〈그림 6-3〉
좋은 거버넌스의 개념적 이해

정부4.0 모형이 구현된다면, 명칭을 별개로 하더라도, 바로 이러한 문제점과 비판을 극복하는 형태의 정부모형이 되어야 한다. 즉, 시대정신에 부응하는 정부모형이 되어야 한다. 정치4.0, 산업4.0을 양대 축으로 하고, 이를 효율적으로 추진하기 위한 정부모형이 구축되어야 한다. 정치적으로는 소득격차 해소, 공동체 회복, 공적인 사회안전망 강화 등 따뜻한 공동체를 지향하는 정치4.0 정신을 구현하고, 경제적으로는 새롭게 다가오고 있는 산업혁명4.0 물결에 능동적으로 대처하여 AI, 로봇, 바이오, 빅데이터 등 신기술에 대응하는 산업4.0을 뒷받침하는 스마트한 정부모형을 구현해야 할 것이다.

　과거 정부3.0이 주로 모바일에 기반을 둔 맞춤형 정부를 구현한 것이라면, 정부4.0은 융합과 소통을 지혜로 묶어내는, 인공지능에 기반을 둔 창조지능형 정부가 되어야 한다. 그리하여 정치4.0, 산업4.0, 자본4.0, 시민4.0을 하나로 꿰는 일관된 패러다임을 갖추어야 하며, 그 궁극적 철학은 국민들의 인간존엄성 실현에 두어야 한다. 즉, 정부4.0이란 휴머니즘Humanism을 대전제로 창조변혁을 이끄는 정부 패러다임으로, 인공지능을 기반으로 하는 창조지능형 정부이다. 한 축으로는 정치4.0이 구현하고자 하는 양극화 극복 및 따뜻한 공동체를 지향하는 공동체 민주주의를 뒷받침하여, 다른 한 축으로는 산업4.0이 구현하는 융합과 혁신을 뒷받침하는 스마트한 정부를 지향한다. 산업과 산업 간의 융합과 미래를 예측할 수 있는 인공지능, 빅데이터 등 스마트 기술들을 활용하여 세계 경제와 미래 산업에 대한 대비를 목표로 한다.

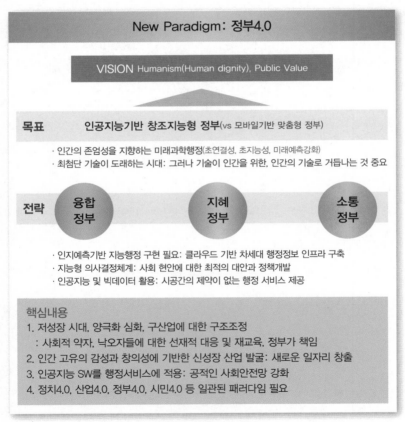

〈그림 6-4〉 정부4.0모형

요약하자면, 정부 4.0은 정치 4.0, 경제 4.0, 시민 4.0을 뒷받침하여야 하며, 각각의 목표에 맞는 정책시안을 내놓을 수 있는 정부가 되어야 한다. 정치 4.0은 공동체 민주주의, 성찰적 공동체의 강화 등 국민 안전과 행복에 중점을 두는 정치가 되어야 할 것이며, 경제 4.0은 세계 경제 속도에 맞출 수 있는 기술 개발, 산업 간의 소통과 융합에 중점을 두어야 한다. 거기에 발맞춰 시민 4.0 또한 중요한데 시민 4.0은 국민들의 긍정적 시민의식 확대와 공동체강화, 그리고 갈등의 폭을 줄이는 데 목표를 두어야 한다. 이렇듯 각각의 핵심 사안들을 목표로 각각의 분야의 정책 수단들이 개발되어야 하며, 정부는 이에 대한 적절한 대안과 전략을 개발해야 할 것이다.

　이처럼 대한민국이 창조적인 지혜국가로 성장해나가기 위해서는 올바른 방향과 빠른 속도를 담고 있는 국가혁신을 담은 정책기획National Planning이 필요하며, 국가혁신의 과제는 정부혁신과 정부개혁을 통한 정부재창조라고 할 수 있다. 즉 정부 4.0은 스마트한 정부혁신과 정부개혁을 담고 있는 모델로, 국가의 성장과 경쟁력을 이끌어갈 수 있는 정부 모델이 되어야 할 것이다.

4

정부4.0은
정부의 정책방향 및
변혁을 강조한다

정부4.0은 정부의 방향성과 철학을 강조한다. 따라서 정부4.0을 제대로 하려면 정부4.0이 추구하는 국정철학의 이념과 가치를 먼저 분명히 정립할 필요가 있다. 새로운 정부에서 추구하고자 하는 정부의 철학적 가치가 무엇인지, 그리고 그 국정철학을 구현하기 위해 어떤 정책수단들을 동원하며 어떤 방식으로 달성할 것인지를 명확히 제시해야 한다. 가령, 협업이나 규제개혁을 한다면, 이는 보다 상위차원의 어떠한 이념과 연결 구조를 지니는지를 체계적으로 정립해야 하며, 단순한 협업 건수에 치중해서는 안 된다. 또한 시대정신이 양극화를 극복하고 희망의 사다리를 복원시키는 따뜻한 공동체 구현에 있다면, 이를 정부는 어떠한 정책수단들을 동원해서 효과적으로 실현할 것인지에 대한 전략적 실행체계를 갖추어야 한다. 행정학에서 제일 강조하는 개념이 "목표와 수단의 도치현상"을 방지하는 것인데, 무엇이 목표인지, 무엇이 수단인지를 분명히 하여 수단이 어느새 목표처럼 돼 버리는 현상을 방지해야 할 것이다.

정책사례
: 요람에서부터 안전교육, 스웨덴 3E정책

우리나라 어린이 사고 사망률은 OECD 회원국 중 몇 위일까요? 통계청 발표에 따르면 2010년 기준 인구 10만 명당 어린이 사고 사망률은 평균 8.7명으로 나타났습니다. 이는 멕시코 13.6명, 미국 9.2명에 이어 3위에 해당하는 수치입니다. 물론 매년 어린이 사고 사망률이 낮아지고 있긴 하지만, 놀라운 결과죠.

그렇다면 어린이 사고율이 가장 낮은 나라는 어디일까요? 바로 2.7명으로 집계된 스웨덴입니다. 스웨덴은 어떻게 이처럼 어린이가 살기에 가장 안전한 나라가 될 수 있었을까요? 그건 30년 넘게 어린이 안전을 위해 국민과 범국가적인 노력이 펼쳐졌기에 가능했는데, 그 중심에는 3E정책이 있습니다.

3E 정책이란?

3E 정책이란 무엇일까요?

3E란 'E'로 시작하는 안전정책 세 가지를 통틀어 이르는 말인데, Education, Environment, Enforcement를 의미합니다. 즉, 안전사고를 예방

하기 위한 교육인 Education, 물리적 환경으로써의 Environment, 그리고 규제를 의미하는 Enforcement입니다.

스웨덴은 이미 1950년대에 14세 이하 아동의 생명을 앗아가는 첫 번째 요인이 안전사고라는 데 주목했습니다. 당시 정부는 매년 400여 명의 어린이가 안전사고로 사망한다는 것을 바로 정책이슈화 했는데, 곧장 이를 해결하기 위한 다양한 노력이 펼쳐졌고, 그 결과 어린이 안전사고 사망자 수가 급격히 줄어들게 되었답니다. 1990년 한 해 사고로 사망한 어린이 수는 100명 미만이 되었고, 2014년에는 어린이 10만 명당 사망자 수가 2명까지 줄었습니다.

이로써 스웨덴은 '어린이 안전 선진국'의 대표주자가 됐고, 우리나라를 비롯한 영국, 일본, 캐나다 등지에 귀감이 되는 정책사례로 널리 알려지게 되었습니다.

자, 그럼 3E 정책은 구체적으로 어떻게 운영되는지 알아볼까요?

첫째, 스웨덴의 교육정책은 요람에서부터 시작됩니다.
아기가 병원에서 태어나 퇴원할 무렵이 되면, 지자체에서는 아기의 엄마 앞으로 자동차용 '베이비시트'를 보내 줍니다. 부모는 베이비시트를 활용함으로써 아기의 안전은 물론, 자신의 안전까지 자연스럽게 인식할 수 있게 됩니다.
다음 단계로 어린이가 만 3세가 되는 날 NTF, 즉 국립도로안전협회에서 보내 준 동화책, 퍼즐, 스티커 등 놀이교재가 담겨진 소포가 배달됩니다.
세 살짜리 아이는 엄마나 아빠와 함께 퍼즐놀이와 그림판에 스티커를 붙

이는 등의 놀이를 하면서, 부모는 실제 도로에서 자녀에게 부주의할 경우 당할 수 있는 각종 사고유형들과 예방대책을 알려 주게 됩니다. 이처럼 스웨덴 어린이들은 이런 방식으로 어릴 때부터 놀이를 통해 자연스럽게 교통안전의 중요성을 이해하고, 실천 방법을 익혀나가는 셈입니다.

이것이 바로 올바른 정보 제공을 통해 위험유발 행동과 안전에 대한 경각성을 일깨우는 교육Education정책이라는 것입니다.

둘째, 정부는 어린이를 위한 놀이터, 학교 구조 등에서 어린이 안전을 위한 환경Environment 개선작업을 해 나갔습니다.

셋째, 규제정책을 통해 놀이기구 안전기준, 자전거 헬멧 사용 의무화, 아동보호용 약병 의무화 등의 법과 기준을 제정하는 한편 안전을 위한 규제Enforcement를 강화했습니다.

3E정책 어떻게 성공했을까?
그럼 스웨덴 3E정책 성공의 진정한 원동력은 무엇일까요?

첫째는 스웨덴의 모든 부모들의 의식에서 찾을 수 있습니다. 스웨덴의 부모들은 '내 자녀의 안전은 국가가, 사회가, 학교가 지켜 주는 것이 아니라 부모인 내가 지켜야 한다.'라는 의식이 박혀 있습니다. 단순히 '정책이니까 따라야지' 하는 수동적 생각이 아니라, 주도적으로 행동하고 있다는 점입니다.

둘째, 스웨덴 정부는 국가적 안전 문제를 바로잡기 위해 단기적 성격의 정책 투입, 혹은 성과 도출에 급급한 정책 시행을 하지 않았다는 점입니다. 즉, 중·장기적 시각에서 안전을 정상화시키기 위해서 교육과 환경, 그리고 규제라는, 문제의 근본적인 변화를 추구했기에 진정한 정책효과를 거둘 수 있게 된 것입니다.

우리나라 어린이 안전정책이 나아갈 길

이런 점에서 스웨덴 3E정책은 우리에게 시사하는 점이 뚜렷합니다.

2014년 말 기준, 우리나라의 15세 미만 어린이 10만 명당 사망자 수는 2.9명인데, 앞서 말씀드린 것처럼 꾸준히 사망률이 감소하고 있지만, 여전히 영국, 스웨덴 등에 비하면 높은 수준입니다.

좀 더 구체적으로 들여다보면, 2014년 말을 기준으로 6세 미만 어린이의 카시트 착용률은 40% 내외로 선진국에 비해 매우 낮고, 미착용에 대한 단속도 잘 이루어지지 않는 실정입니다. 미국은 91%, 일본은 60%나 됩니다.

그러면, 우리는 어린이 안전을 위해 어떤 정책을 실현해야 할까요?

당연히 어린이 카시트 착용률을 높이고, 놀이시설물 안전관리 또한 강화하려는 노력이 필요합니다.

하지만 무엇보다 안전교육 프로그램이 요람에서부터 이뤄지게 함으로써 국민들의 의식변화를 이끌어내는 것이 중요합니다. 스웨덴의 사례에서도 알 수 있듯이 안전교육 프로그램은 아이의 탄생과 함께 시작되어야 합니다.

아이가 자라서 성인이 되어서도 어려서부터 몸에 밴 습관이 자리 잡게 되고, 그것이 결국 성숙한 시민의식으로 연결된다는 점을 잊어서는 안 되겠습니다.

5

정부4.0은
정부의 공익에 대한
책임성을 강조한다

정부4.0은 정부의 책임성accountability을 강조한다. 정부1.0이 관료제 중심의 내부운영의 효율성, 정부2.0이 NPM중심의 시장 지향적 모형, 정부3.0은 쌍방향 의사소통과 정보공개, 그리고 모바일 중심의 맞춤형 서비스를 강조했다면, 정부4.0은 정부와 시장, 시민사회의 협력적 거버넌스 속에서 좀 더 국민들의 안전과 민생 그리고 행복이라는 가치에 집중해 줄 것을 요청한다. 그리고 이러한 목적가치를 놓치지 않고 그럼 어떻게 하면 이러한 목적을 실현할 수 있을지 다양한 정책수단들을 배열해 보는 체계화된 작업이 필요할 것이다.

박근혜 정부에서 겪은 대형 사건들, 예컨대 세월호, 메르스

재난 참사에서도 보듯이 정부의 재량권 확대로 정부에게만 일을 맡겨두어서는 관료들의 행위가 제대로 통제되기 쉽지 않음을 목격한 바 있다. 시민의 참여, 목소리voice 확대, 담론, 혹은 공공영역의 활성화를 통한 건강한 시민공동체의 강화 그리고 이를 통해 국정에 대한 책임성 확보도 필요하다는 것을 깨닫게 해 주었다.

따라서 정부4.0에서는 다양한 이해관계자들이 결집하고 목소리를 내는 가운데 이러한 이해관계자들의 이익을 조정하고, 그 공통분모를 발견해 나가려는 노력을 잘해 나갈 필요가 있다. 주지하는 바와 같이, 현대사회는 다양성, 동태성, 복잡성을 특징으로 한다. 다양한 이해관계자들이 모여서 제각기 다른 목소리와 이익실현을 요청하는 동태적이고도 매우 복잡한 정책과정 속에서 정부는 공익이라는 가치를 실현해야 하는 것이다.

정책사례
: 에너지 정책에 대한 고찰, 미국의 WAP사업

에너지 빈곤, 세계적인 문제로 떠오르다

2015년 국내에서도 큰 인기를 끌었던 영화 '매드맥스: 분노의 도로'를 아시나요? 이 영화는 주인공들이 인류에게 얼마 남지 않은 기름과 물을 차지한 세력과 대항해서 싸우는 이야기입니다.

물론 영화에서처럼 지금 이 시대가 에너지 고갈 문제로 마지막 절벽 끝에 서 있는 것은 아니지만, '에너지 빈곤' 문제는 인류의 위기를 거론할 정도로 빼놓을 수 없는 국제 이슈입니다.

또한, 에너지 복지정책의 필요성은 날로 더해가고 있습니다. 우리나라 역시 2005년 전기요금을 내지 못해 단전된 집에서 촛불을 켜고 잠이 들었다가 화재로 목숨을 잃은 소녀의 안타까운 이야기가 전해졌을 정도이니, 결코 남의 이야기가 아닙니다.

그래서 여기에서는 주요 에너지 복지 정책으로 손꼽히는 미국의 주택단열지원사업을 통해 우리의 에너지 정책이 나아갈 방향을 짚어 보겠습니다.

WAP 사업이란 무엇인가?

미국은 제1·2차 석유파동을 겪으면서 유가 급등으로 인한 저소득층의 부담을 줄이기 위한 정책을 고민했습니다. 그 결과, 1976년 에너지부 주관하에 주택단열지원사업을 시작했는데, 그것이 바로 Weatherization Assistance Program(웨더라이제이션 어시스턴스 프로그램), 즉 WAP입니다.

이 정책의 목표는 저소득가구의 에너지 효율을 향상시킴으로써 총 주거 비용을 줄이는 데 있습니다. 냉·난방비를 국가가 직접 지원해 주는 것이 아니라 주택 개량을 지원해서 장비의 노화로 인한 에너지 낭비를 최소화시키는 것입니다. 1976년 WAP 시행 후, 약 620만 가구가 혜택을 받았습니다. 지금도 매년 10만 가구 이상이 지원을 받고 있으니 현재진행형 정책인 셈입니다.

WAP는 미국 에너지부인 DOE에서 총 투자금의 40%정도를 지원받아 운영되는데, 1978년부터 2011년까지 58억 달러 이상을 지원해 오고 있죠.

WAP 운영방식

자, 그럼 WAP는 어떤 방식으로 운영될까요?

정책 시행 당시 미국의 가구당 평균 에너지 비용 지출은 가구소득의 2.7% 수준이었습니다. 그런데 저소득층 가구는 12.6%로 다른 계층에 비해 지출이 더 컸는데, 정책의 효율성을 높이기 위해 미국 에너지부는 사업 대상을 소득 빈곤선 150% 이하이며 장애인, 노인, 어린이가 있는 가구를 우선 대상으로 선정했습니다. 그 다음에는 가구의 에너지 소비 특성에 따라 다를 수 있지만, 공통적으로 에너지 진단을 실시한 후, 해당 가구의 주택에 유리를 교체하고, 다락, 벽, 마루 단열이 잘 이뤄질 수 있도록 시공합니다. 또한 난방시스템을 수리, 개선하는 공사를 통해 균열로 빠져나가는 에너지를 막았답니다. 여기에다가 자동온도조절장치를 설치하고 재래식 백열전구를 고효율 형광등으로 교체하는 등 내부 시설 개선 공사까지 진행한 후, 전력소비 부하 절감, 가스 및 가전기기에 대한 안전 및 환경 검사까지 실행하면 한 주택에 대한 사업이 완료됩니다.

WAP의 성공요인

하지만 WAP 사업도 시행 초기에는 마냥 성공적이진 않았습니다. 연방정부에서 고용 창출을 위해 6개월간 1,000가구나 되는 공사를 요구했고, 이처럼 급하게 진행된 사업에서 좋은 품질을 기대하기는 어려웠던 게 사실입니다. 또 어떤 지역에서는 충분한 준비 없이 사업에 들어가 만족스러운 결과를 얻지 못했습니다.

그럼에도 불구하고 WAP 사업은 차근차근 문제를 해결해 나가며 성공적인 정책으로 나아간바, 여기에는 몇 가지 성공요인이 작동했습니다.

첫째, 중앙정부와 주정부의 거버넌스적 협력체계가 잘 작동했다는 겁니다. 미국 연방에너지부는 각 주들과 역할 분담을 명확히 하고, 예산의 어려움이 없도록 각종 사회단체와 기업들로부터 기금을 모으는 역할에 주력했습니다.

우리나라도 요즘 협업이 강조되고 있는데, 이런 사례를 통해 잘 배울 필요가 있습니다. 가령, 창조경제혁신센터 등의 사업을 할 때에도 중앙정부, 지자체, 기업의 역할분담을 분명하게 해서 실행계획을 명확하게 추진할 필요가 있을 것입니다.

둘째, 계약을 맺은 시공업체가 새로운 서비스 공급자들에게 기술적인 훈련과 지원을 제공함으로써 공급자들의 전문성을 갖춘 점입니다.

셋째, 미 에너지부에서 절약 결과들을 문서로 정리해 정책 효과가 지속적으로 일어날 수 있도록 도움을 주는 역할을 했다는 것입니다.

마지막으로 시공을 해 준 전문 업체와 에너지 전문가들이 사업의 혜택을 누리는 가정이 지속적으로 에너지 절약이 가능하도록 교육을 병행했다는 점입니다. 교육을 통해 에너지 절약에 대한 인식이 자리 잡았고, 이는 정책의 효과성을 높이는 데 크게 기여했습니다.

WAP 시행 후 파급 효과

성공적인 정책은 사회적으로도 긍정적인 파급효과를 불러오는 법입니다. WAP 사업 또한 마찬가지로 정책효과는 컸습니다.

우선, 전국적으로 2만 개의 일자리를 창출했습니다. 일자리가 증가되자, 지역사회가 안고 있던 실업수당에 대한 부담도 줄일 수 있었고, 저소득층의 소비력 또한 증가했죠. 또한 주택 개량으로 각 주택의 자산가치가 증가해 저소득계층의 부가적인 소득이 발생했습니다.

마지막으로, 국가차원에서 석유에너지 사용 감소로 원유 수입량이 감소돼 국가 에너지 안보에도 기여를 하게 됐죠. 그야말로 에너지 빈곤상태에 놓인 저소득층은 사업의 직접적 수혜자로서 에너지 복지를 누리게 됐고, 사업 진행을 위해 일자리를 창출하면서 환경과 고용, 복지 문제까지 동시에 해결할 수 있었습니다.

우리나라 에너지 복지정책이 나아갈 길

그렇다면 우리나라 에너지 복지정책은 어디쯤 와 있을까요?

우리나라도 2006년 에너지기본법이 제정됐고, 2007년에는 저소득층 대상 주택에너지 효율화 사업이 진행되고 있습니다. 또 2014년부터는 겨울 난방비를 감당할 수 없는 생계급여 수급자 등에게 난방 에너지를 구입할 수 있는 바우처를 지급하는 제도가 시행 중이죠.

하지만 국내 에너지 정책은 천연가스 대량 개발이나 원자력발전소 건립 등 거시적인 것이 주를 이루는 한계가 있고, 따라서 에너지 빈곤층에게 직접적인 해결책이 되지 못하는 아쉬움이 있습니다.

따라서 이러한 미국의 WAP 정책이 참고가 되어 우리나라에서도 국민 개개인에게 혜택이 돌아갈 수 있는 정책이 많이 나오길 기대해 봅니다.

정부4.0은
국민들에게
감동을 주어야 한다

6

국민들도 진화하고 있다. 과거 정부1.0에서는 단순히 공공서
비스를 더 많이, 혹은 정확하게 제공받는 데 만족했다면, 정부
2.0과 3.0에서는 참여하고 공유하려 했다. 더 나아가 정부4.0에
서 이제 국민들은 감동을 원하고 있다. 단순한 서비스 수혜자로
서의 고객, 이용자, 소비자가 아니라 납세자와 유권자로서 국정
의 주인으로 대우받고 싶어 한다. 그리하여 "나를 기억해 달라
remember me", "나를 주체로 인식해 달라involve me"에서 더 나아가
"나에게 감동을 달라inspire me"로까지 진화하고 있다.

시민의 기대수준 (Citizen Expectation)

최고의
기대수준
Leading Service

기억해 주세요 Remember me
참여시켜 주세요 Involve me
감동을 주세요 Inspire me

부가가치적
기대수준
Value Added
Service

개인화 Personalization
맞춤화 Customization
선택권 Choice of Channels
적극성 Proactive
최상의 경험 Great Experience

시민들의
기본적인 기대 수준
Basic Expectation of
Material Service

실질적 경제가치 Good Value for Money
품질/정확성 Quality/Accuracy
적절성/효율성 Timeliness/Efficiency
용이성/편리성 Easy of Use/Convenience
사생활의 보호 Privacy
공정성 Fairness

자료: The Citizen Concept of UAE Government Service에서 수정인용

〈그림 6-5〉 국민들의 기대수준의 변화

청년실업과 대졸실업, 정의로운 국가

· 청년실업 100만 시대, 대졸 이상의 고학력자
  * 경기침체, 산업구조의 급변, 대졸자 증가, 대기업 채용 축소, 기업의 해외 이전 등 환경적
    변화에 의해 심화

· 쟁점
  1) 인간의 존엄성: 청년실업 문제는 사회불안, 사회갈등, 저출산 등의 다양한 사회문제 야기
  2) 공동체 구성원의 갈등: 세대 간의 갈등, 정규직과 비정규직의 갈등
  3) 자본주의4.0: 자본주의3.0이 낳은 비정규직 증가나 고용문제 등의 해결을 위해 사회구성원
    모두가 노력할 것을 강조하는 따뜻하고 행복한 성장을 추구하는 자본주의4.0이 필요

· 시사점
  1) 문제 발생의 근본적 원인을 고려하지 않은 사회적 현상만을 완화하고자 하는 단편적 정책은 실패
    (ex: 공공기관 청년인턴제)
  2) 문제의 본질을 파악하고 그에 맞는 종합적이고 전체적인 관점에서 성찰적인 정책을 형성해야 함

〈그림 6-6〉 청년 실업과 대졸실업, 정의로운 국가

정책사례
: '로제타 플랜'의 반면교사

지금 이 시간에도 공공기관과 입법 관련 부처에서는 사회의 다양한 문제를 해결하고, 보다 나은 국민의 생활을 위해 다양한 정책들을 내놓고 있습니다만, 여기에서는 당대 혁신이라고 불렸던 정책들을 통해서 우리 정책이 나아갈 방향에 대해 고민해 보도록 하겠습니다.

자, 여기서 살펴볼 주제는 우리나라에서도 핫이슈이죠, 바로 청년 실업입니다.

벨기에 영화 '로제타'가 일으킨 반향

1999년 벨기에의 거장, 장 피에르 다르덴, 뤼크 다르덴 형제가 만든 영화 '로제타'가 칸영화제에서 황금종려상과 여우주연상을 수상하며 화제가 됐습니다. 이 영화는 영화로 성공했을 뿐만 아니라, 벨기에와 청년 실업에 뜨거운 감자가 됩니다.

왜일까요? 바로 영화 내용에서 해답을 찾을 수 있는데, 영화 제목인 로제타는 주인공인 10대 소녀의 이름입니다. 소녀는 일하던 식품공장에서 수

습기간이 끝나자마자 바로 해고됩니다. 알콜 의존증인 엄마와 지저분한 트레일러에서 사는 로제타에게 실업은 그야말로 절망 그 자체였습니다.

일자리를 갖기 위해 거칠게 살아가는 소녀의 모습은 벨기에는 물론, 세계적인 파장을 일으켰는데, 급기야 벨기에 내부적으로는 미성년자와 청년층 일자리 문제를 해결하기 위해 정부가 적극 나서야 한다는 여론이 일어났고, 다음해 4월엔 '로제타 플랜'이라는 제도가 시행되기에 이르렀죠.

벨기에가 꺼내든 카드, 로제타 플랜

1999년 벨기에의 청년 실업률은 얼마나 심각한 상태였을까요? 당시 25세 미만 청년의 실업률은 22.6%였습니다. 이는 EU 평균 청년 실업률인 17.7%보다 4.9% 높은 수치였는데, 특히 청년층의 교육 수준별로 큰 차이를 보여서, 고학력 청년층의 실업률은 14.4%였던 반면, 저학력 청년층의 실업률은 30.4%였지요. 이러한 사회 현실을 개선하고자 도입된 제도가 '로제타 플랜'입니다.

이 제도는 두 가지 프로그램으로 이뤄져 있는데, 하나는 청년에게 직업 상담과 훈련을 제공하며 실업 방지 캠페인을 실시하는 '활성화 프로그램'이고, 또 다른 하나는 로제타 플랜의 핵심으로, 일정 비율의 청년층 고용을 의무화하는 '최초고용협약 프로그램'입니다.

최초고용협약 프로그램을 좀 더 살펴보면, 50인 이상의 근로자를 고용하는 민간 기업은 매년 전체 종업원의 3% 인원의 청년구직자를 고용해야 합니다. 이때 대상이 되는 청년은 학교를 졸업하거나 그만둔 지 6개월 미만인 25세 미만 청년 구직자로서, 노동시장에 막 첫발을 내딛은 청년층이 주요한 프로그램의 수혜자이죠.

빌기에 정부는 로제타 플랜이 실효성 있게 작용할 수 있도록 경제적 유인책을 병행했는데, 먼저 청년층 의무 고용률을 지키지 못한 기업에 대해서는 미채용 청년 1인당 약 40만 원인 300프랑의 벌금을 부과했고, 청년 의무 고용률을 달성한 기업에게는 사회 보험료의 사용자 기여분 감면 형태로 보조금을 지급했습니다.

뿐만 아니라, 비숙련 청년을 고용하거나, 3%보다 많은 청년을 고용하거나, 혹은 청년 구직자의 계약 만료기간 이후에도 계속 고용하는 경우에는 보증금을 증액했죠.

로제타 플랜, 야심찼지만, 아쉬운 결말
로제타 플랜 시행의 첫 해에 5만여 건의 고용계약이 체결되었고, 3년 동안 약 12만 6천 개의 일자리가 창출되었습니다. 빌기에 사회는 이러한 성공적인 제도의 결과에 환호했습니다.

하지만 표면적인 수치가 내려갔음에도 곳곳에서 부작용이 나타나기 시작했습니다. 로제타 플랜으로 만들어진 저학력 청년들의 일자리 상당수는 계약직이었고, 낮은 처우에 실망한 많은 젊은이들은 다시 길거리로 나섰습니다. 결국 빌기에 청년 실업률은 2003년부터 21.8%로 증가했습니다.

로제타 플랜 실시 후 약 15년이 지난 현재 빌기에의 청년 실업률은 어떤 상황일까요? 여전히 20% 이상을 기록 중일 정도로 정책의 효과는 미미한 상황입니다.

하지만 당시에는 저학력 청년 근로자를 위한 일자리가 많이 창출됐다는 측면에서 혁신적인 정책으로 평가되고 있습니다. 저학력 청년층은 졸업 후 빠른 시일 내에 일자리를 구하지 못할 경우, 장기 실업에 처할 가능성이 큽니다. 그래서 파트타임일지라도 노동경험을 제공할 수 있다는 것은 당시 저학력 청년층의 노동시장 이탈을 방지할 수 있는 방안이 될 수 있었던 것입니다.

그렇다면 로제타 플랜의 효과는 왜 계속 이어지지 못했을까요?

가장 주요한 이유는 로제타 플랜이 질적으로 우수한 일자리를 창출할 수 없었기 때문입니다. 실제로 로제타 플랜은 제도적으로 고용의 질적인 측면을 규정하지 않았으며, 계약의 최저 기간만을 규정했습니다. 즉, 로제타 플랜은 많은 계약직 형태의 일자리를 창출하여 이에 상응하는 취업자의 증가와 실업률의 감소라는 단기적인 성과를 보였지만, 계속적인 고용이 이루어지지 않았던 것입니다. 결국 정책이 실시되고 일정 기간이 지나자 계약이 만료된 청년들이 다시 실업상태에 빠지게 되었고, 로제타 플랜의 효과는 한정적이었다는 것이 밝혀졌습니다.

로제타 플랜을 반면교사로 삼을 필요

한국에서도 청년 실업 해소를 위해 다양한 정책을 내놓고 있는데, 그 중에는 로제타 플랜을 벤치마킹한 형태의 '청년고용할당제' 등의 제도도 있답니다. 물론 지금도 실효성과 향후 개선방안을 놓고 논의가 활발하게 이뤄지고 있습니다만, 저는 로제타 플랜이 주는 교훈을 이렇게 정리해 보고자 합니다.

먼저, 로제타 플랜의 사례는 정책의 수립에 있어서 중장기적이고 입체적인 설계가 필요하다는 것을 보여 줍니다. 당시 벨기에는 사회적으로 큰 이슈가 된 청년고용이라는 문제에 직면하였고, 이 사회문제를 해결하고자 집중했습니다. 중장기적인 효과에 대한 비판에도 불구하고, 당시 벨기에 사회의 문제였던 저학력 청년을 도울 수 있었다는 점은 시사점이 크다고 하겠습니다.

그렇다면, 우리 청년 실업 정책의 문제점은 무엇일까요?
우리나라의 공공기관 청년 인턴제나 청년고용할당제는 종합적 고찰 없이 단편적으로 시행됐다는 점입니다.

정책을 수립할 때에는 이 정책이 누구를 대상으로 어떠한 효과를 목표로 하는지에 대한 계획이 확고해야 합니다. 또한 정책 대상자들이 정말로 원하는 것이 무엇인지에 대한 고민을 토대로 세워져야 합니다.

로제타 플랜의 사례가 우리나라 청년 실업 문제의 근본적 원인을 면밀히 분석하는 데 도움이 되기를 기대해 봅니다.

7

정부4.0은
스마트한 전자정부를
토대로 한다

    스마트Smart 정부는 최첨단 정보통신기술을 이용하여 국민들에게 최상의 서비스를 즉각적으로 제공하는 스마트한 형태의 정부를 의미한다. 이는 1) 이음새 없는 연속적인 서비스를 제공하고Seamless, 2) 모바일, 인공지능, 빅데이터 등을 이용하여 맞춤형 서비스를 제공하고Mobile, 3) 상시적 서비스가 가능하며 Anytime, 4) 국민의 요구에 즉각적으로 반응하며Responsive, 5) 소외계층 없이, 양극화를 극복하는 상생Together 정부이다.

    이를 실현하기 위해 정부는 1) 개방과 공개Openness, 2) 통합과 융합Convergence, 3) 조정과 협치Collaboration, 4) 투명과 책임 Accountability을 실행전략으로 삼아야 한다.

아래 그림에서 보듯이 제3차 산업혁명이 주로 PC 중심의 정보통신기술에 바탕을 두고 있다면, 제4차 산업혁명은 인공지능, 사물인터넷, 클라우딩, 모바일 등을 융합하는 스마트 기술을 지향하고 있다. 빅데이터와 인공지능을 결합하여 딥 러닝 deep learning을 구현하는 정부운영시스템인 것이다.

스마트 정부4.0

개념:
인공지능, 모바일, 빅데이터, 사물인터넷 등 최첨단 스마트 정보통신기술을 이용하여 시간, 장소, 기기에 구애받지 않고 국민들에게 최상의 서비스를 즉각적으로 제공할 수 있는 스마트한 정부

비전과 전략:

Vision	Strategy
· 이음새 없는 정부Seamless · 모바일 정부Mobile · 상시 서비스 정부Anytime Service · 즉각 대응 정부Real time service · 상생 협력 정부Togetherness	· 공개Open · 융합Convergence · 협력Collaberation · 책임Accountability

〈그림 6-7〉 스마트 전자정부4.0: 개념, 비전, 전략

구분	1차 산업혁명	2차 산업혁명	3차 산업혁명	4차 산업혁명
	스마트 패러다임4.0			
연도	1780's	1900's	1970's	2016~
핵심기술	스팀엔진	전기전자	정보통신(PC)	스마트 기술 융합기술 AI, IoT, Big Data
혁신기제	스팀엔진	전기엔진	컴퓨터	스마트통신 융합혁신
생산수단	산업시스템	포드시스템	정보통신시스템	인공지능 딥러닝
핵심자원	석탄자원	석탄오일	원자핵에너지	바이오 천연자원
교통통신	기차, 전신	자동차, 비행기	초고속 열차 우주선	우주산업
통신수단	서적, 신문	전화, TV	인터넷, SNS	신기술, Aim IoT, Big Data

〈그림 6-8〉 스마트 패러다임4.0

정부4.0은
국민의 신뢰를
얻어야 한다

　국가혁신을 위해 중요한 것은 개혁과 관련하여 바람직한 미래의 정부상像을 구축하고, 이에 대해 국민들의 신뢰를 획득하는 일이다. 신뢰는 그 자체를 21세기 국가혁신의 요체로 삼을 정도로 중요한 일이다(Nye et al, 1998). 따라서 한국사회의 미래지향적 국정관리는, 먼저 강한 국가, 강한 시장 및 강한 시민사회를 형성하고, 이들 간에 신뢰와 균형 잡힌 파트너십을 바탕으로 강한 네트워크를 형성함으로써, 새로운 현대사회에 적합한 국가공동체를 형성하는 것이 되어야 할 것이다.

　이를 바탕으로, 구체적으로 정부, 기업, 시장, 시민 등의 각

분야가 자율적이고 책임성 있는 성숙한 조직으로 발전해야 한다. 또한, 이들 사이에 강한 네트워크를 구축해야 하며, 정부혁신 부문에서도 공익성·민주성·성찰성 등 본질적 행정이념을 확립해야 한다. 이를 위해 조직·인사·재무·성과관리제도 등 조직구조·의식을 총체적으로 변혁시켜 제도와 관리기술뿐만 아니라 행태와 정책과정까지도 총체적으로 혁신할 필요가 있다.

정책사례
: 깨진 유리창이 알려준 사실

오늘날 전 세계적으로 흉악범죄가 증가하고 있는 추세인데요. 이는 우리 사회가 처한 근본적인 문제 중 하나라고 할 수 있습니다. OECD의 〈Society at a Glance〉에 따르면, 한국의 살인율은 2014년 인구 10만 명당 2.9건으로, OECD 국가 중 6위에 해당합니다. 아일랜드 0.3건, 이웃나라인 일본 0.5건에 비하면 매우 높은 수치이죠.

그렇다면 이처럼 높은 범죄율을 낮추기 위해서는 어떻게 해야 할까요?
깨진 유리창 이론을 잘 살펴볼 필요가 있습니다. 이를 토대로 범죄예방 정책을 펼쳐 뉴욕 시의 중범죄 사건을 75%나 감소시켰던 뉴욕 시의 사례가 있습니다.

깨진 유리창 법칙
그럼, 깨진 유리창 법칙이란 무엇일까요?

우리 속담 중에도 '바늘 도둑이 소도둑 된다'는 말이 있습니다. 바로 이 속담을 환경에 적용하면 되는 이론입니다. 1969년 스탠포드 대학교의 심리학자 짐바르도 교수는 매우 흥미로운 실험을 했습니다. 우선 치안이 비교적 허술한 골목을 고르고, 거기에 보존 상태가 동일한 두 대의 자동차를 1주일간 방치해 두었습니다. 그런데 그중 한 대는 보닛만 열어 놓고, 다른 한 대는 보닛과 함께 창문을 조금 깬 상태로 두었습니다. 그 두 대의 상태는 약간만 차이가 있었음에도 불구하고, 1주일 후, 확연한 차이가 나타났습니다.

보닛만 열어 둔 자동차는 어떤 변화도 일어나지 않았지만, 보닛을 열어 놓고 유리창을 깬 자동차는 겨우 10분도 채 되지 않아 배터리가 없어지고, 연이어 타이어도 없어지고, 계속해서 낙서나 투기, 파괴가 일어나, 1주일 후에는 완전히 폐차 상태가 될 정도로 파손되었던 것입니다.

유리창 하나가 깨지는 것처럼 사소한 부조리가 방치된다면, 결국 사회전체가 무너지게 된다는 것입니다. 이 실험에서 사용된 변수인 '깨진 유리창'이라는 단어로 인해 '깨진 유리창 법칙Broken Window'라는 새로운 법칙이 만들어졌으며, 이러한 '깨진 유리창 법칙'은 추후 뉴욕의 치안 정책에 적극 활용되었습니다.

뉴욕에서의 활용
실제 1980년대, 뉴욕에서는 연간 60만 건 이상의 중범죄 사건이 일어났는데, 중범죄가 1분당 한 건 발생할 정도로 범죄율이 높았습니다. 당시 여행객들 사이에서 뉴욕 지하철은 절대 타지 말라는 말이 나올 정도로 뉴욕의 치안은 엉망이었습니다.

이때, 럿거스 대학의 범죄심리학자 조지 켈링 교수는 이 '깨진 유리창' 법

NEXT PRESIDENTIAL AGENDA 4.0

칙에 근거해서 뉴욕 시의 흉악 범죄를 줄이기 위해 낙서를 철저하게 지우는 것을 제안했습니다.

낙서가 방치된 상태는 창문이 깨져 있는 자동차와 같은 상태라고 생각했기 때문인데, 당시 교통국장 데이비드 건David Gunn은 켈링 교수의 제안을 받아들여 낙서를 철저하게 청소한다는 방침을 세웠습니다. 지하철 차량 기지에 교통국 직원이 투입되어 무려 6,000대에 달하는 차량의 낙서를 지우는 작업이 수행되었고, 5년이나 지난 뒤에야 모든 낙서 지우기가 완료되었습니다.

그러나 낙서를 청소한 효과는 매우 뛰어났습니다. 낙서 지우기 프로젝트를 하고 나서 그때까지 계속 증가하던 흉악 범죄 발생률이 점차 감소하더니, 절반 가까이, 나중에는 75%나 줄어드는 효과를 가져왔습니다.

그 후, 1994년 뉴욕 시장에 취임한 줄리아니 시장은 지하철에서 성과를 올린 이러한 대책을 뉴욕 전체 경찰에 도입했습니다. 낙서를 지우고, 보행자의 신호를 무시하거나 빈 캔을 아무 데나 버리는 것 등 경범죄 단속을 철저하게 했던 것입니다.

그 결과, 범죄 발생건수가 급격히 감소했고 마침내 범죄 도시라는 오명을 불식시키는 데 성공했습니다.

우리나라 범죄 예방 정책이 나아갈 길

줄리아니 시장의 범죄억제정책은 우리에게도 시사하는 바가 많습니다. 한국의 범죄율은 80년대 이후로 계속 증가하는 추세이며, 아까도 언급했듯이 우리나라의 살인율은 10만 명당 2.9명으로 매우 높은 수치입니다.

현재 우리나라는 범죄예방정책국을 따로 두고 있지만 예방 프로그램 위주로만 운영되고 있어, 주변 환경을 정비하고 경범죄를 철저하게 단속하는 것과 같이 뉴욕 시에서 시행했던 형태의 정책은 찾아보기 어렵습니다.

우리가 명심해야 할 점은 모든 범죄와 위험은 초기질서의 아주 작은 일탈에서 시작한다는 것입니다. 깨진 유리창처럼 작은 질서가 무너지면, 그것이 더 큰 범죄가 되고, 마침내 사회 전체의 문제가 되는 것입니다.

우리나라는 지난 압축성장 속에서 외형적 성과는 많이 있었지만, 그 과정에서 기초적인 법질서, 안전에 대한 기본적 점검 등 기초적으로 지켜야 할 가치들이 제대로 실현되지 않았던 게 사실입니다. 그러한 것들이 어느덧 암묵적 관행과 부조리가 되어 우리 사회 전체를 위협하는 단계에 이르렀습니다.

이처럼 비정상적인 의식이나 관행, 사소한 불법들이 누적된다면 더 큰 국가적 재앙이 초래될 수 있다는 사실을 직시해야 하며, 그러한 관점에서 위에서 살펴본 〈깨진 유리창 사례〉를 잘 적용할 필요가 있다고 하겠습니다.

여러분, 정책을 고민할 때 깨진 유리창을 떠올려 보면 어떨까요? 비단 범죄예방 정책뿐만 아닙니다. 아주 사소한 것에서부터 변화를 이끌어내는 정책을 찾아보면 어떨까요?

정부4.0
패러다임 실행을
위한 실행전략
: Action Agenda

정부4.0의 효과적 실행을 위해 선행연구에 대한 검토를 토대로
실행 아젠다들에 대해 정리해 보기로 하자. 특히 최근 대한민국
에서 벌어지고 있는 극히 '비정상'적인 사건들을 설명하는 이론
들에 대해 간략히 점검한 후, 이를 극복하기 위한 방안을 정상화
전략에 맞추어 점검해 보기로 한다.[19]

'비정상' 발생 원인을 설명하는 이론

1) 깨진 유리창 이론

미국 사회학자 제임스 윌슨James Q. Wilson의 제자인 범죄학자 조지 켈링George L. Kelling이 1982년 Atlantic Monthly에 논문 "Broken Window" 깨어진 유리창부제: 경찰과 지역의 안전·The Police and Neighborhood Safety을 발표하였다. 깨진 유리창 이론은 작은 무질서나 불법이라도 방치하지 않고 적시에 단속하고 조치를 취해야 범죄와 무질서의 전염성을 예방하고, 큰 사회적 혼란을 방지할 수 있다는 이론이다. 즉, 깨어진 유리창 이론은 사회와 공동체 내의 사소한 무질서와 부조리를 방치하다 보면, 결국 사회 전체가 무질서해지게 되므로, 적시에 작은 범죄와 무질서부터 바로잡아야 사회의 큰 혼란을 방지 가능하다고 말한다.

현재 우리 사회에 팽배한 준법에 대한 안이한 태도와 관행화된 '편법과 반칙'들은 오늘날 우리 사회의 갈등을 야기하고, 만성적 법위반 행태는 정치적·사회적 발전을 이룬 진정한 선진국으로의 도약을 저해하고 있다. 지금 이러한 문제에 대한 개선을 계획하고 실행하지 못한다면 깨진 유리창 이론에서 나타나는 것과 같이, 앞으로 우리나라의 미래에는 더욱 큰 사회적 문제와 혼란이 야기될 것이다.

나아가, 법질서 확립의 필요성은 단순히 위법행위에 대한 처벌을 통하여 통일적·획일적인 국가의 체계를 확립하는 것이 아니라, 국가경쟁력제고를 위한 하나의 자본이라는 인식에서 출발하여야 한다. 즉, 법질서 확립은 선진 일류국가 도약의 기본이자, 국가 경쟁력의 상승을 위한 발판인 것이다.

☞ '깨진 유리창 이론'은 작은 부조리와 실수라고 하더라도 즉시 바로잡아야 하고, 기본과 원칙을 지켜야 사회의 안전과 발전을 기대할 수 있음을 시사함
☞ 루돌프 줄리아니Rudolf Giuliani 뉴욕시장은 1993년 취임 후 깨진 유리창 이론을 적용, 도시 범죄율을 전격적으로 낮추는 데 성공

2) 최소량의 법칙Law of Minimum

1843년 독일의 화학자이자 생물학자인 리비히J. F. Liebig가 무기영양소에 대하여 제창한 법칙이다. 최소량의 법칙은 생물이 가지는 내성 또는 적응의 가장 좁은 범위의 인자(요인)가 그 생존을 제한한다는 법칙으로, 만일 어떤 원소가 최소량 이하이면, 다른 원소가 아무리 많아도 생육할 수 없으며, 원소 또는 양분 중에서 가장 소량으로 존재하는 것이 식물의 생육을 지배한다는 것이다. 이는 최소양분율이라고도 한다.

이 법칙은 식물의 생장을 넘어 국가와 기업에도 적용할 수 있는 일반 법칙이다. 결국 국가와 기업의 경쟁력과 생존은 작은 실수, 가볍게 다뤄졌던 의사결정과 같이 작은 사건에서 결정되는 경우가 많기 때문이다.

> ☞ 최소량의 법칙은 기본적인 원칙과 토대를 튼튼하게 마련하지 않고서는 일정 수준 이상에 도달하기 어렵다는 것을 시사함
> ☞ 이는 S-자형 경제성장이나 선진국 진입의 임계치critical mass를 설명할 때, 왜 처음에는 완만하게 출발하다가 일정 임계치를 넘어서야만 급성장이 가능해지는지를 설명해줌

3) 하인리히 법칙Heinrich's Law

하인리히 법칙이란, 대형사고가 발생하기 전에 그와 관련된 수많은 경미한 사고와 징후들이 반드시 존재한다는 법칙이다. 이는 1931년 미국의 트래블러스 보험사Travelers Insurance Company 라는 기업의 엔지니어링 및 손실통제 부서에 근무하던 미국의 허버트 윌리엄 하인리히Herbert William Heinrich가 펴낸, 『산업재해 예방: 과학적 접근Industrial Accident Prevention: A Scientific Approach』에 의해 소개되었다.

하인리히는 보험사 엔지니어링 및 손실통제 부서에 근무하면서 산업재해 사례를 통해 통계적 법칙을 확립하였다. 그것은 바로 산업재해 1건이 발생하여 중상자가 1명이 나오면, 그 전에 이와 같은 원인으로 발생한 경상자가 29명, 같은 원인으로 부상당할 뻔한 잠재적 부상자가 300명 있었다는 사실이다. 이에 따라, 하인리히 법칙을 '1:29:300의 법칙'으로도 명명하였다. 즉, 큰 사고는 어느 순간 갑자기 발생하는 것이 아니라, 사고의 전조와 징후를 무시하고 사소한 문제점을 방치할 때 발생함을 의미한다. 하인리히 법칙은 노동현장에서 발생하는 재해뿐만 아니라, 각종 사고, 재난, 또는 사회적 · 경제적 · 개인적 위기나 실패에 관련된 법칙으로도 해석되고 있다.

☞ 하인리히 법칙은 최초 발생한 경미한 사고에 대한 안일한 대처는 이후 걷잡을 수 없는 국가적 재난까지도 야기될 수 있다는 것을 시사함

☞ 따라서 '기본이 바로 선back to the basic 나라'가 중요하다. 왜냐하면 조직이나 국가의 가장 기본적인 규정과 절차를 준수할 때 국가적 차원의 재난도 미리 방지할 수 있는 것이기 때문임

4) 공유지의 비극The Tragedy of the Commons

개인과 공공의 이익이 서로 맞지 않을 때, 개인의 이익만을 극대화한 결과 경제 주체 모두가 파국에 이르게 된다는 이론으로, 1968년 『사이언스』에 실렸던, 미국 생물학자 가레트 하딩G. Hardin의 논문에 나오는 개념이다.

공유지Common Pool Resource의 비극은 '지하자원, 초원, 공기, 호수에 있는 고기와 같이 공동체의 모두가 사용해야 할 자원은, 사적이익을 주장하는 시장의 기능에 맡겨 두면, 이를 당해 세대에서 남용하여 자원이 고갈될 위험이 있다.'라는 내용을 담고 있다. 따라서 이는 시장실패의 요인이 되며, 이러한 자원에 대해서는 국가의 관여가 필요하다. 아니면 이해당사자가 모여 일정한 합의를 통해 이용권을 제한하는 제도를 형성해야 한다는 내용이다.

☞ 공유지의 비극은 공공재의 경우 국가의 개입을 통한 제재가 없이는 사회
적 비효율을 막기 어렵다는 점을 시사함
☞ 이는 국가를 한 단계 더 발전시키는 데 있어서 사회적 신뢰 형성이 얼마
나 중요한가를 말해줌

5) 위험사회Risk Society

위험사회론은 독일 뮌헨대 울리히 벡U. Beck 교수가 1986년에
발표한 저서『위험사회Risk Society』에서 규정한, 성찰과 반성 없이
근대화를 이룬 현대사회를 비판하면서 나온 용어이다. 이는 우
리나라에서 성수대교와 삼풍백화점 붕괴 등의 대형사고가 발생
한 1990년대 중반 이후부터 많은 이론적 주목을 받았다.

우리사회에서 산업화와 근대화를 통한 과학기술의 발전은 현
대인들에게 물질적 풍요를 가져다주었지만, 동시에 새로운 위험
을 몰고 왔다고 주장한다. 즉, 근대화 초기 단계에는 풍요를 확
보하는 것이 중요했지만, 근대화 후기로 갈수록 위험요소는 더
욱 커지게 됐다는 것이다.

위험은 성공적 근대가 초래한 딜레마이며, 산업사회에서 경제
가 발전할수록 위험요소도 증가한다. 즉, 후진국에서 발생하는

현상이 아니라 성공적으로 과학기술과 산업이 발달한 선진국에서 더욱 나타나는 현상인 것이다. 무엇보다 예외적 위험이 아니라 일상적 위험이라는 데에서 문제의 심각성이 심화된다.

☞ 위험사회론은 국가정책의 최우선 과제로, 사회적 안전장치 마련이 필요하다는 점을 강조하고 있음
☞ 최근 세월호 참사와 같은 인적재난과 함께 지진, 홍수와 같은 대형 자연재난이 자주 발생함을 감안할 때 우리나라도 이제 단순한 발전국가적 근대화론을 넘어서 위험사회를 극복할 수 있는 새로운 성찰적 시각의 사회발전 패러다임이 필요하다는 점을 시사함

2

'정상화'를
만들기 위한
전략적 제언

1) 사회적 자본[20]

하버드 대학의 정치학자, 로버트 퍼트남R. Putnam(1993)은 민주
주의와 지역발전의 가장 중요한 요인은 사회적 자본이라고 단적
으로 말한다. 그는 사회적 자본을 공동체의 사회적 생산성에 영
향을 주는 사람들 간의 수평적 단체 내 관계로 보았다. 즉, 사회
적 자본이란 상호이익을 추구하고 촉진시키는 네트워크와 규범,
사회적 신뢰 등으로 구성되어 있으며, 국가발전이든 지역발전이
든 산업발전이든 이러한 사회적 자본이 없으면 불가능하다고 주
장했다.

NEXT PRESIDENTIAL AGENDA 4.0

일본의 유명한 사회학자, 프란시스 후쿠야마F. Fukuyama(1995)는 사회적자본의 핵심을 신뢰라고 분석하였다. 후쿠야마는 사회적 자본이 그룹과 조직에서 공동 목적을 이룩하기 위해서 함께 일 하도록 하는 사람들의 역량이며, 이 역량은 집단의 회원들 사이 에 공유된 신뢰라는 존재가 있기에 가능한 것으로 보았다.

사회적 자본의 개념을 제도까지 포함하는 것으로 확대시킨 학 자는 맨큐 올슨M. Olson이다. 올슨은 사회적자본이 공식적인 제 도를 변화시키고 사람들 간의 복잡한 교환에 있어 협동적인 해 결을 위해 친밀한 환경을 구성하는 것이라고 하였다.

이를 종합해 보면 사회 구성원들 간의 신뢰와 협력, 그리고 이 를 통해 내재화된 규범 등을 포함하는 사회적 자본이라고 할 수 있으며, 이로 인해 네트워크, 협력, 공유, 가치 등이 중요한 개 념임을 알 수 있다. 특히 이는 거버넌스적 문제 해결이 강조되 고 있는 현재의 사회과학적 흐름과 밀접히 연계된 개념이라고 할 수 있다. 또한, 정부나 기업 혼자만의 힘으로 해결할 수 없는 '사악한 문제Wicked Problem'가 발생함에 따라 신뢰와 협동을 통한 문제해결이 중요시된다. 그렇기에 사회적 자본의 중요성 역시 더욱 강조되고 있는 것이다. 더욱이 우리나라에 있어 정부신뢰가 바닥을 치고 있는 현상을 감안할 때 국가발전의 전개를 위해서는 사회적 자본형성이 무엇보다도 시급한 과제라고 하겠다.

☞ 사회적 자본은 신뢰와 네트워크를 기초로 국가역량을 설명하는 핵심요소
☞ 이는 현대사회의 '정상화'된 국가역량 강화를 위해 빼놓을 수 없는 핵심 국가 자산임

2) 긍정심리 자본

최근 들어 선진국으로 진입하고, 한 단계 더 높은 창조경제의 구현을 위해서는 긍정심리자본이 중요하다는 점이 인식되고 있다.

긍정심리자본은 펜실베니아 대학 마틴 셀리그먼Martin E. P. Seligman 교수가 1996년 미국 심리학회 회장에 당선되면서 새롭게 내건, 현대 심리학의 새로운 연구방향에서 강조된 용어이다. 마틴 셀리그먼은 2002년에 『진정한 행복Authentic Happiness』을 발간하여 몰입연구로 유명한 미하이 칙센트미하이 등과 함께 긍정심리학의 토대를 다졌다. 이러한 긍정심리학은 그동안 심리학 연구주제의 주종을 이루었던 우울증, 질병, 장애와 같은 부정 정서에 대한 연구에서 벗어나 인간의 강점과 덕성에 관한 연

구를 통해 우리 안에 있는 최선의 가능성을 이끌어 내는 것이어야 한다는 것이다.

서울대학교 융합과학기술대학원 손욱 원장은 '보이지 않는 자본'으로서의 긍정심리 자본을 강조하고 있다. 과거 산업사회의 제1의 자본, 경제적 자본economic capital과 제2의 자본, 인적 자본human capital을 넘어 제3과 제4의 자본으로 나아가지 않으면 국가가 발전할 수 없다는 것이다.

이때 제3의 자본은 사회적 자본social capital으로서의 신뢰, 규범, 네트워크 등이며, 제4의 자본은 긍정심리 자본positive psychological capital으로서 긍정, 행복, 몰입, 창조와 같은 긍정심리의 확산이다. 여기에서 한발 더 나아가자면, 마지막으로 제5의 자본으로서의 영적 자본spiritual capital으로 사랑, 지혜, 나눔, 헌신과 같은 인간 심리 최고 차원의 사랑과 봉사를 제시할 수 있을 것이다.

경제이론에 따르면, GDP 3천 달러 벽에서는 노사분규를 극복해야 하고, 1만 달러 벽에서는 이기주의 갈등을 넘어서야만 긍정심리를 토대로 한 창조경제로 나아갈 수 있다고 한다. 꼭 창조경제 측면만이 아니라도 우리나라는 국민행복도 수준이

자료: 손욱 원장, "공공부문리더의 체계적 양성"에서 제5의 자본 추가
      긍정심리학 창시자 마틴 셀리그먼(U Pen), 미하이 칙센트미하이(Chicago)교수 이론에
      토대

〈그림 7-1〉 지식창조시대의 '보이지 않는 자본'의 중요성

OECD국가 중 하위권에 머물고 있다. 현재 우리나라는 국민소득 2만 달러를 넘겼음에도, 세월호 사건, 최순실 국정농단사건 등을 초점사건으로 하여 정부와 국민 간의 불신의 벽, 노사갈등, 이기주의 심화 등과 같은 사회적 불화가 산재해 있다. 아직도 우리 사회 도처에는 긍정심리를 확산시키기 위해 넘어야 할 장벽이 많은 형국이다.

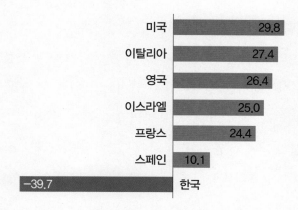

자료: 매경 2014. 04. 28, 경제협력개발기구(OECD)

〈그림 7-2〉 '보이지 않는 자본'의 위기

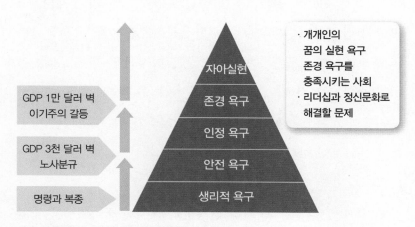

자료: 손욱 원장, "공공부문리더의 체계적 양성"에서 수정인용

〈그림 7-3〉 창조경제와 넘어야 할 장벽들

3) 국가역량 및 정책역량[21]

인간의 존엄성 실현이라는 정책학의 이상가치와 국가경쟁력과 삶의 질 향상이라는 상위목표를 달성하기 위한 정책적 영역으로는 정책역량, 관리역량, 인프라역량을 꼽을 수 있다. 국정관리의 정상화 과제를 충실히 잘 실행시키기 위해서라도 정책역량, 관리역량, 인프라역량에 대한 이해가 선행될 필요가 있다.

세계사적, 시대사적으로 몰아닥친 변화와 단절, 불확정성으로 인한 국정의 불확실성은, 그 자체로 압도적인 정책 환경이 되고 있다. 모든 수준의 공공조직은 자원의 빈곤, 세계화의 압박, 정보화의 급진전, 시민들의 증대된 욕구, 국가재정 적자와 같은 문제에 직면함은 물론, 이른바 조직의 '미래의 충격future shock'이라고 불리는 상황에 직면하고 있다. 미래의 정부조직은 이러한 조직들의 변화에 대처하고, 문제를 해결하기 위한 더 나은 방법들을 개발해야 한다.

우리나라 정부는 국정관리의 정상화를 위해 국가역량을 강화할 필요가 있다. 특히 정책역량, 관리역량, 인프라역량 강화를 통해 국정관리의 생산성(효율성), 민주성(참여성), 신뢰성(성찰성)을 제고해야 한다. 정부 내부의 생산성 증대를 토대로 정책의 참여성participation과 대응성responsiveness 제고 등 민주성을 강화하고, 더 나아가 정부와 시민 간의 신뢰trust와 등권empowerment을 토대로 사회적 자본social capital을 강화해야 한다. 정부혁신을 위해 중요한 것은 개혁과 관련하여 바람직한 뉴 거버넌스의 틀을 구축하고, 이에 대해 국민들의 신뢰를 획득하는 일이다. 신뢰는 그 자체로 21세기 정부혁신의 요체로 삼을 수 있을 정도로 중요한 일이다(Nye et al, 1998).

☞ 국정관리의 '정상화'를 위해서는 근본적으로 사회문제 해결을 위한 국가 역량 강화가 요구됨. 보다 구체적으로 정책역량, 관리역량, 인프라역량의 강화를 통해 국정역량 강화가 필요함

☞ 특히 정책역량을 강화하기 위해서는 전자정부의 발전과 함께 신뢰·연대·네트워크 등 사회적 자본의 강화가 필요함

☞ 또한, 국민의 신뢰를 회복하기 위해서는 정책의 '품品'과 '질質'을 제대로 관리하여 국민들이 정부에 대해 편안하게 신뢰할 수 있도록 해 주어야 함. 일방적으로 경직되고 고압적 자세에서 벗어나, 국민에게 친절하게 설명하며 다가갈 수 있는 행정을 펼쳐야 함. 예컨대, 일반국민들에게 납세 행정을 실행할 때에도 무조건 세금이나 누적 과징금을 납부하라고 독촉하는 등 징벌懲罰적 행정자세만 취할 게 아니라, 좀 더 친절하게 안내하고 설명해 주는 방식의 '공공마케팅' 등을 통해 정책의 '품'과 '질'을 제고하려는 노력이 긴요함

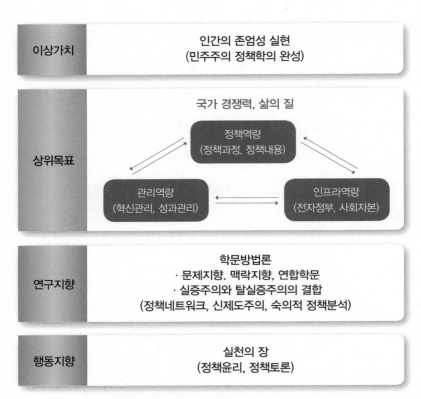

이상가치	인간의 존엄성 실현 (민주주의 정책학의 완성)
상위목표	국가 경쟁력, 삶의 질 정책역량 (정책과정, 정책내용) 관리역량 (혁신관리, 성과관리) 인프라역량 (전자정부, 사회자본)
연구지향	학문방법론 · 문제지향, 맥락지향, 연합학문 · 실증주의와 탈실증주의의 결합 (정책네트워크, 신제도주의, 숙의적 정책분석)
행동지향	실천의 장 (정책윤리, 정책토론)

자료: 권기헌(2014a: 18)에서 인용

〈그림 7-4〉 정책학의 이론적 정향과 과제

4) 국정의 역할분담

국가역량state capacity은 정책역량policy capacity, 관리역량administrative capacity, 인프라역량infra capacity 포괄하는 보다 총체적인 개념이다. 이는 국가와 사회 사이의 관계를 규정하는 보다 큰 개념이다(M. Painter & J. Pierre, 2005: 2).

정책역량이란, 국가가 정책행위를 함에 있어 한정된 자원으로 공익을 실현하는 데 있어 필요한 전략적 방향strategic directions과 집합적 선택collective choices을 규정짓는 개념이다(M. Painter & J. Pierre, 2005: 2; Painter, 2002; Peters, 1996). 이때 역량이란, 정부체제의 구조적 특성과 정부자원 활용능력의 총체적 축적개념이다.

인프라 역량은 국가역량을 규정짓는 매우 중요한 핵심개념이다. 인프라 역량에는 전자정부와 같은 하드웨어적HW 개념과 사회적 자본 신뢰, 정직, 투명과 같은 소프트웨어적인SW 개념이 포함된다.

정책역량을 규정함에 있어서 인프라역량 이외에 또 필요한 개념이 관리역량administrative capacity이다. 이때 관리역량이란, 정부의 산출물을 외부에 전달하는 데 있어서 필요한 인적 자원과 물적 자원을 얼마나 효율적으로 관리할 수 있는가에 관한 역량을 의미한다. 이렇게 볼 때, 정책역량은 관리역량을 한 축으로 하고, 인프라역량을 다른 한 축으로 하여 삼자가 서로 상호작용하는 복합적인 개념이다(M. Painter & J. Pierre, 2005: 3).

M. Painter & J. Pierre(2005)는 국가역량의 구성요소를 정

책역량, 관리역량, 인프라역량으로 분류한 바 있다. 이는 국정
관리의 정상화 전략을 실행함에 있어서도 정부 각 부처의 역할
분담이라는 관점에서 매우 유익한 자료이다. 이를 정리해보면
다음과 같다.

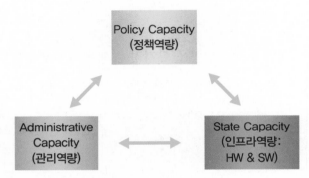

자료: M. Painter & J. Pierre, 2005: 3에서 수정

〈그림 7-5〉 국가역량의 구성요소: 정책역량, 관리역량, 인프라역량

첫째, 정책역량은 가치·이념으로, 일관성, 신뢰성, 결단력을
요구하며, 합리적 선택이 중요한 지표이다.

둘째, 관리역량은 가치·이념으로, 경제성, 효율성, 책임성을
요구하며, 효과적 자원관리가 중요한 지표이다.

셋째, 인프라역량은 가치·이념으로, 적법성, 책임성, 법규준

수를 요구하며, 선진 법질서의 유지 등 국가실행체제가 중요한 지표이다.

세부전략				
국정의 역할 분담				
국가역량	지표내용	가치이념	국정시스템 (정부기반)	평가대상부처 (역할분담)
정책역량	합리적 선택	일관성 신뢰성 결단력	· 집단지성의 믿음 · 국무회의 활성화	정부 각 부처 (특히 대통령실 합리적 축소개편 : 전략적 기획 중점 장관 중심의 국무회의 활성화)
관리역량	효과적인 자원관리	경제성 효율성 전문성	· 평가시스템 개혁 (대국대과주의, 협치기반 평가시스템 개혁) · Y자형 인사혁신 시스템 도입 (순환보직 폐지)	정부 각 부처 (특히 행정자치부, 인사혁신처, 기획재정부, 산업통상부, 미래창조부 등 미래기획 강화)
인프라역량	법질서 유지 등 국가실행체제	적법성 책임성 중립성	· 국가의 통합된 강제력 · 국가전략위원회 설치 (총리실산하 NESC NESF)	정부 각 부처 (특히 검찰개혁, 중립성 보장 등 법·안보 관련 업무)

자료: M. Painter & J. Pierre, 2005: 3에서 수정.

〈그림 7-6〉 국가역량 강화를 위한 국정의 역할분담

5) 국정정상화를 위한 실행전략

국정철학이라는 관점에서는 '정상화'를 어떻게 바라볼 수 있을까?

예로부터 국정철학의 관점에서는 덕을 중요시했다. 동양의 고전인 『대학』에서는 국정관리의 덕행으로서 인仁과 인의예지신仁義禮智信을 강조한 바 있다. 국민행복, 국민사랑이라는 국정통치의 최고철학을 인仁, 사랑으로 보았으며, 이를 실현하기 위한 5행의 구체적인 방법론으로 인의예지신仁義禮智信을 들었다.

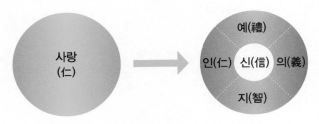

〈그림 7-7〉 국정운영의 방향성과 정상화 전략

국정관리의 정상화를 위한 국정운영의 방향성은 인, 의, 예, 지, 신과 같은 유교적인 이념을 토대로 고찰할 수 있다. 이러한 접근은 동양철학의 지혜를 빌려 상호배타적mutually exclusive이면서도 전체종합적totally comprehensive인 준거기준을 제공해 줄 수 있어서 매우 유용하다고 하겠다.

첫째, 인仁은 국정운영의 최종목표로서의 사랑으로, 인간의 존엄성과 국민행복이라는 가치를 둔다. 사람을 사랑하는 마음으로 국정을 운영하는 것은 다른 어떤 가치보다 중요하고 깊이 생각해야 하는 최선의 가치이다.

둘째, 의義는 투명성과 책임성을 의미한다. 그래서 의는 투명성 측면과 책임성 측면으로 나누어 살펴볼 수 있다. 투명성은 절차적 투명성, 정책의 투명성, 글로벌 스탠다드Global Standard로 구별하여 살펴볼 수 있다. 책임성은 회계적 책임성과 노블레스 오블리주Noblesse Oblige와 같은 도덕적 책임성으로 구별하여 볼 수 있다. 우리나라 비정상에 대한 사례를 투명성 측면과 책임성 측면에서 살펴보자. 투명성 측면으로는 공기업 경영진 등을 포함한 국가 주요 정무직 임명의 투명성, 시장에서의 공정거래 질서(대기업·소기업 담합금지 및 하도급 관행관리), 식품안전관리의 투명성 등의 사례가 있다. 책임성 측면에서는 국정농단과 같은 권력형 비리에 대한 재산 몰수, 재벌비리, 공기업과 공공기관의 방만 경영 및 부정부패 근절, 공공부문 재정적자에 대한 대처 등의 사례가 있다.

셋째, 예禮는 관계성 및 배려, 소통 및 공감을 의미한다. 예는 상호존중 및 평등성, 약자에 대한 배려라고 할 수 있다. 이와 관련된 사례로는 갑을문화, 비정상적 노조문화의 정상화, 아동학대, 장애인배려, 가정폭력·학교폭력·성폭력·불량식품 근절, 청년 실업, 비정규직 문제, 일자리 창출 문제의 해결, 제주강정마을·밀양송전탑 등 소통 부족으로 인한 정책갈등사례의 원만한 해결, 규제 개혁 간담회, 사이버 국민제안창구, 체감도 조사 및 홍보 등 국민과의 소통창구를 확대함으로써 우리나라 곳곳에 뿌리내린 비정상 문제를 해소해 나가야 한다.

넷째, 지知는 정책결정의 전문성, 국방안보 및 경제력 강화를 의미한다. 지식 및 지혜 측면에서 정책결정역량 강화, 국방·안보·경제력 강화를 통해 비정상의 정상화를 이끌어 낼 수 있는 역량을 키우는 것을 말한다. 이와 관련된 사례로는 전략적 정책관리가 있다. 전략적 정책관리란 일몰제처럼 규제를 전면 원점에서 재검토하는 것을 말한다. 국민요구에 부합하는 신규 정책과제를 발굴 및 관리하고, 빅데이터의 적극적 활용과 정부 3.0의 활용을 통해 전자정부의 시스템을 업그레이드함으로써 국민들에게 보다 편리한 환경을 제공할 수 있다. 뿐만 아니라 정보보안 및 개인정보보호를 강화하여 국민들의 소중한 정보가 유출되지 않도록 항상 신경을 써야 한다. 전략적 정책관리를 통해 국민들이 보다 안전하고 편리하게 정보를 이용하고, 정책의 혜택을 누릴 수 있도록 이끌어야 한다.

다섯째, 신(信)은 신뢰성을 의미한다. 법규 준수, 사회적 자본의 제고를 통해 신뢰에 대한 의미를 깊이 생각함으로써 우리 사회에 만연해 있는 비정상 문제를 해결해야 한다. 신뢰란 단시간에 이루어지는 것이 아니다. 국가와 국민들 사이의 가장 기본적인 약속들을 지키는 것이 신뢰를 회복하는 가장 중요한 방법이다.

정부신뢰를 회복하기 위해서는 삼권분립의 정상적 운영, 검찰개혁 및 고위공직자 비리수사처 신설 등을 통한 권력형 비리의 차단, 대통령-국회의 분권을 통한 제왕적 대통령제도의 폐해극복 등과 같은 제도적 개혁 노력이 있어야 한다. 그 외 실무적 차원에서도 법규 미준수, 대민 업무행태의 관행 개선, 조직문화 개선이 필요하다. 폴리스라인 설치, 사법처리율, 소음신고 집회단속실적 등 비정상적 집회시위를 정상화하여 신뢰를 회복하는 것이 필요하다. 정지선 준수나 신호 준수를 통해 교통질서를 확립하고, 112허위신고 근절지수, 공무집행방해사범 검거인원 증감률 등에 대한 효과적 관리를 통해 법규를 준수하려는 의식과 관행을 확립하는 노력이 필요하다.

국가혁신전략: 정책제언

국정철학과 정상화 전략

· 구조, 관행, 의식
· 〈대학〉에서 강조하는 인의예지신을 통해 국가혁신전략을 제시함

구분	국정운영의 이념	구체적 평가대상
인(仁)	인간의 존엄성 Human dignity	* 국민행복을 실현하기 위한 총괄적 개혁 * 제왕적 대통령제의 폐해 개혁 　(대통령실 개편, 장관중심 국무회의 운영, 　삼권분립 정상화를 위한 제도개혁) * 제도 및 관행(의식)차원에서 국가·관리·정책역량을 　제고하려는 총괄적 노력
의(義)	투명성과 책임성 Transparency & Accountability	* 기득권 개혁: 　(1) 검찰개혁: 공수처 설치, 검찰총장 독립성 강화, 　　　　국세청장 독립성 강화 　(2) 재벌개혁: 다중대표소송제, 집중투표제, 전자투표제 　　　　(대기업지배구조개선) 　(3) 시장개혁: 공정위 사법경찰권 부여 　(4) 언론개혁: 언론장악방지법(공영방송 지배구조 개선) * 격차해소: 경제민주화(기본소득제도, 노동이사제도)
예(禮)	관계성과 배려 소통 및 공감 Relationship & Empathy	* 갑을문화, 비정상적 노조문화 * 아동학대, 장애인 배려, 가정폭력/학교폭력/성폭력 등 * 국민과의 소통창구 확대
지(知)	정책결정의 전문성, 국방안보 및 경제력강화 Professionalism & Intelligence	* 지식 및 지혜 측면에서 정책결정 역량 강화 　: 국방, 안보, 경제력 강화 * 전략적 정책관리, 빅데이터의 활용, 정부3.0, 　전자정부의 업그레이드
신(信)	신뢰성, 사회적 자본 Trust & Social capital	* 법규 준수, 사회적 자본Social capital의 제고 * 분권형 권력구조, 국회책임강화, 선거구제 개편, 　지방자치 분권 등 개혁 * 의회의 권한에 따른 책임강화 * 검찰개혁, 중립성 보장

〈그림 7-8〉 국정운영의 방향성과 정상화 전략: 인의예지신 패러다임

238 :

NEXT PRESIDENTIAL AGENDA 4.0

대한민국
미래사회의
비전과 철학[22]

1) 대한민국 국정운영의 비전과 철학

우리는 어떤 사회를 꿈꾸는가? 우리는 어떤 국가를 만들어야 하는가?

우린 사회 구성원 개인의 자유와 창의, 인권과 존엄, 정의와 형평이 살아 있는 사회를 꿈꾼다. 개인과 집단 간의 진정한 신뢰와 등권을 전제로 개인의 자유와 주체성, 자아실현과 자아완성의 가능성이 살아 있는 열린사회를 꿈꾼다. 인간의 존엄성이 실현되는 사회 그리고 이를 위해서는 "깨어 있는 국가, 성찰하는 사회"가 필요하다. 또 이를 위해서는 우리 사회의 개인과 공동체 차원에서 지, 덕, 체의 실현이 필요하다(권기헌, 2012: 15, 69-70).

정신적으로 아름다운 사회, 물질적으로 풍요로운 사회, 인간적으로 가치와 보람을 느낄 수 있는 사회의 실현은 가능한 일일까? 이를 위해 우리는 성찰이라는 철학적 이념과 비전, 민주라는 민주적 제도와 절차, 효율이라는 효율적 생산과 방법을 필요로 한다(조영식, 1993). 차원, 제도, 방법, 모형이라고 부를 수 있는 이러한 프레임은 효율적, 민주적, 성찰적 국정관리를 전략적 수단으로 한다. 개인의 자율성과 창의성이라는 토대 위에 정부-시장-시민사회의 정책 거버넌스가 필요하며, 이는 국민의 이성적 지혜와 감성적 열정이 자발적으로 동원spontaneously mobilized될 수 있는 상황하에서만 가능하다. 이런 관점에서, 국정지도자로서 대통령은, 어떻게 해야 국민이 자발적으로 열정과 신바람을 발휘할 수 있는 국정 거버넌스의 구조 및 사회적 네트워크를 만들 수 있는지 고심해야 할 것이다(그림 7-9 참조).

2) 성공한 대통령의 국정모형

대통령은 국정 최고책임자로서, 국정운영의 비전과 철학을 지녀야 한다. 도덕적 책임성을 토대로 국정운영의 전략적 관리를 하기 위한 비전과 역량을 갖추어야 한다. 국정지도자는 국민행복, 국민사랑이라는 국정통치의 최고철학을 바탕으로 인仁, 사랑을 초석으로 삼고 국정운영에 임해야 한다. 특히, 국정지도자

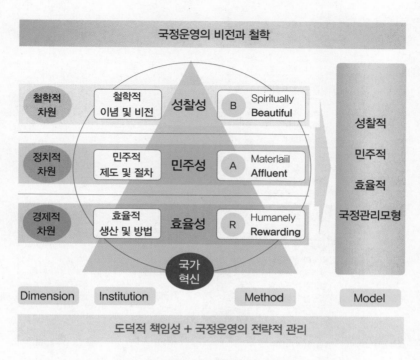

〈그림 7-9〉 대한민국 국정운영의 비전과 철학

로서 명확하고 건설적인 비전을 국민들에게 진정성 있게 제시하고, 정성을 다해 이루려는 자세를 갖추어야 한다. 더불어 넓은 안목과 국민을 사랑하는 깊은 가슴에서 우러나오는 호소력, 행정부와 국회 또는 여야를 아우르는 소통과 진지한 접근, 리더의 희생을 마음에 새기며 한 알의 밀알처럼 쓰임받기 위해 노력해야 한다.

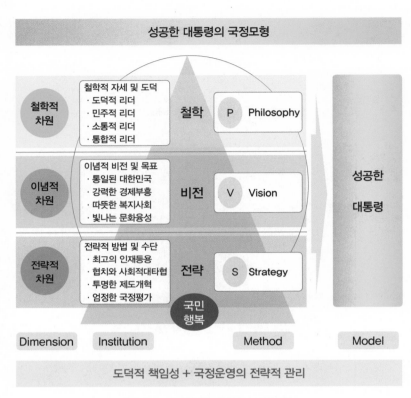

<figure>

성공한 대통령의 국정모형

철학적 차원	철학적 자세 및 도덕 · 도덕적 리더 · 민주적 리더 · 소통적 리더 · 통합적 리더	철학	P	Philosophy	
이념적 차원	이념적 비전 및 목표 · 통일된 대한민국 · 강력한 경제부흥 · 따뜻한 복지사회 · 빛나는 문화융성	비전	V	Vision	성공한 대통령
전략적 차원	전략적 방법 및 수단 · 최고의 인재등용 · 협치와 사회적대타협 · 투명한 제도개혁 · 엄정한 국정평가	전략	S	Strategy	

국민
행복

| Dimension | Institution | | Method | Model |

도덕적 책임성 + 국정운영의 전략적 관리

</figure>

〈그림 7-10〉 성공한 대통령의 국정모형

3) 창조적 지혜국가의 실현

이제는 지식을 넘어 지혜로 가는 일이 필요하며, 올바른 목표와 방향성을 가지고 끊임없는 성찰에 기반을 둔 변혁과 창조가 필요하다. 이것이 정부4.0의 요체이다. 즉, 창조와 변혁이라는 두 개의 축을 따라 국가재혁신과 국가재창조를 통해 우리나라를 깨어있는 창조적 지혜국가로 나아가게 해야 한다. 지혜국가, 지혜정부의 실현은 성숙한 민주주의, 성숙한 자본주의, 우리 모두의 번영이라는 목표하에 정부, 시장, 시민사회가 뉴 거버넌스적 역할 분담하에 깨어있는 정신으로 각자의 책임과 역할을 다할 수 있을 때 실현될 수 있다.

지혜국가, 지혜정부는 성숙한 민주주의, 성숙한 자본주의, 우리 모두의 번영이라는 목표하에 정부, 시장, 시민사회가 거버넌스적 시각에서 깨어있는 정신으로 각자의 책임과 역할을 다할 때 실현될 수 있을 것이다(그림 7-11 참조).

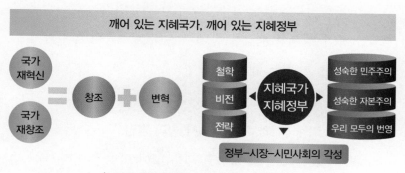

〈그림 7-11〉 지혜국가, 지혜정부: 철학과 비전

4) 창조적 지혜정부의 실현

창조적 지혜국가의 실현을 위해서는 지혜정부의 구축이 필요하다. 지혜정부가 구축되기 위해서는 정책역량, 관리역량, 인프라역량의 배양을 통해 정부의 효율성, 민주성, 성찰성이 제고되어야 한다. 현대정부의 정책역량은 정확한 분석과 예측능력의 배양을 통해 가능하며, 관리역량은 혁신과 관리능력의 배양을 통해 가능하다. 인프라역량은 전자정부라는 기술과 신뢰라는 무형의 정신자본이 배양될 때 가능해진다.

또한 정부는 정부 내부의 효과성과 능률성 제고를 통한 효율성 배양과 정부 내부와 외부의 대응성, 참여성 제고를 통한 민주성 배양과 사회공동체 전체의 신뢰와 협동이라는 사회적 자본 강화를 통한 성찰성 배양을 통해 성찰적 국정운영의 기반이 강화될 수 있을 것이다(그림 7-12 참조).

5) 창조적 지혜국가와 지혜정부: 전략과 방법

지혜국가, 지혜정부의 달성은 쉬운 일이 아닐 것이다. 지식을 넘어 지혜로 가는 일이 필요하며, 진정한 지혜를 위해서는 성찰에 기반을 둔 변혁과 창조가 필요할 것이기 때문이다. 또한 이는 단순한 일의 성취를 위한 효율성Do Things Right만을 추구하지

정부의 효율성, 민주성, 성찰성 제고

정책역량
(Policy
capacity)
· 분석(analysis)
· 예측(foresight)

정부역량
(Governance
Capacity)

관리역량
(Management
capacity)
· 혁신(innovation)
· 관리(management)

인프라역량
(Infra
capacity)
· 기술(e-technology)
· 신뢰(e-trust)

성찰성
(신뢰성)
사회공동체 전체
신뢰trust
협동cooperation

민주성
(참여성)
정부 내부와 외부
참여성participation
대응성responsiveness

효율성
(생산성)
정부 내부
효과성effectiveness
능률성efficiency

〈그림 7-12〉 지혜정부 실현의 전략과 방법: 효율성, 민주성, 성찰성의 제고

않으며, 바른 목표 설정을 통한 최종적 성과의 실현Do the Right Things을 더 중시한다. 그리고 우리사회의 올바른 목표와 방향성의 설정은 끊임없는 성찰을 통해야만 가능한 일이다. 예컨대, 향후 재정비하게 될 국가재난 안전관리에 관한 정책평가 기준을

정할 경우에도, 우리 사회의 현재 상황을 냉철히 진단하고, 올바른 목표와 방향은 무엇인지에 대해 주도면밀한 브레인스토밍 brainstorming을 거쳐서 기준이 설정되어야 할 것으로 본다.

창조적 지혜국가의 실현을 위해서는 정부, 시장, 시민사회가 책임성, 투명성, 대표성이라는 균형 잡힌 시각하에 강한 국정 거버넌스 시스템이 구축되어야 한다. 정부는 책임을 가지고 전문적 역량을 강화해야 하며, 시장은 투명성을 강화하여 공정한 룰을 기반으로 한 시장시스템이 구축되어야 한다. 또한 시민사회는 대표성을 강화하여 건강한 시민사회가 형성되도록 해야 한다(그림 7-13 참조).

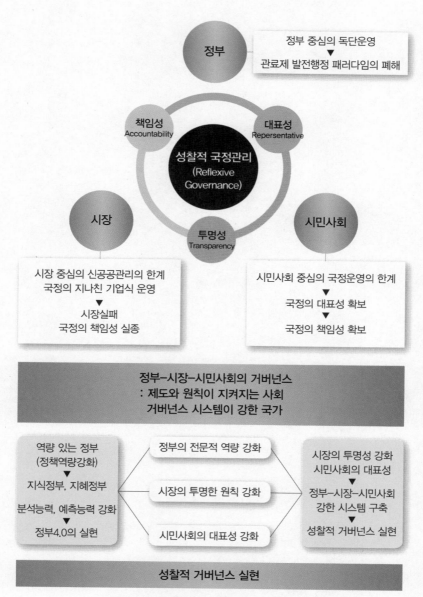

정부

> 정부 중심의 독단운영
> ▼
> 관료제 발전행정 패러다임의 폐해

책임성
Accountability

대표성
Representative

성찰적 국정관리
(Reflexive
Governance)

시장

시민사회

투명성
Transparency

> 시장 중심의 신공공관리의 한계
> 국정의 지나친 기업식 운영
> ▼
> 시장실패
> 국정의 책임성 실종

> 시민사회 중심의 국정운영의 한계
> ▼
> 국정의 대표성 확보
> ▼
> 국정의 책임성 확보

정부-시장-시민사회의 거버넌스
: 제도와 원칙이 지켜지는 사회
거버넌스 시스템이 강한 국가

> 역량 있는 정부
> (정책역량강화)
> ▼
> 지식정부, 지혜정부
> 분석능력, 예측능력 강화
> ▼
> 정부4.0의 실현

정부의 전문적 역량 강화

시장의 투명한 원칙 강화

시민사회의 대표성 강화

> 시장의 투명성 강화
> 시민사회의 대표성
> ▼
> 정부-시장-시민사회
> 강한 시스템 구축
> ▼
> 성찰적 거버넌스 실현

성찰적 거버넌스 실현

〈그림 7-13〉 지혜국가, 지혜정부: 전략과 방법

정리 및 요약: 종합적 정책제언

지금까지 전개한 내용을 토대로 대한민국 NEXT AGENDA 4.0을 요약하고 종합적으로 정책제언을 정리하면 다음과 같다.

첫째, 정치4.0을 실현시킬 분권형 헌법개정, 협치와 공화제 민주주의를 강화해야 한다.

1987년식 헌법체제는 구체제ancient regime라고 볼 수 있다. 제왕적 대통령제가 초래한 권력집중의 폐해를 극복할 수 있는 헌법적 시스템을 마련해야 한다. 영국의 순수 내각책임제, 프랑스식 이원집정부제, 독일식, 혹은 오스트리아식 내각제, 4년 중임 대통령제 등을 냉철하게 비교·검토하고, 우리나라 상황에 맞는 분권형 대통령제를 도입할 수 있는 방안을 강구해야 한다. 이를 통해 제왕적 대통령 권력의 폐해를 제도적으로 보완할 수 있는 방안을 강구해야 한다.

대통령제의 권력구조에 대한 헌법개정을 논의하는 한편, 헌법개정 없이도 가능한 제도적 개혁방안을 고려할 필요가 있다. 여기에 해당하는 핵심 아젠다는 다음과 같다.

⊙ 책임총리제법을 도입함으로써 헌법 정신에 부합하는 책임총리제를 구현하게 하고, 총리의 각료제청권, 해임건의권

등을 제도적으로 보장한다.

◉ 대통령실은 비서실장, 정무, 홍보, 외교안보, 민정수석 등을 중심으로 개편하고, 국무총리실은 경제, 사회문화, 복지 등 내각과의 가교 및 조정역할을 충실하게 함으로써 국무총리와 국무회의가 실질적인 국정운영의 중심이 될 수 있도록 뒷받침한다. 이는 우리나라 현실에서 대통령의 의지와 결단이 있어야 하지만, 대통령은 권한을 위임하고, 팀플레이를 통해 국정운영의 책무성과 투명성을 더욱 고양시킬 수 있고, 이는 결국 정권의 성공과 국민의 존경으로 이어질 수 있다는 점을 기억해야 할 것이다.

◉ 검찰개혁을 통해 검찰의 정치중립성을 확보하고, 고위공직자 비리수사처(공수처) 등을 신설함으로써 권력형 비리에 대한 통제를 강화한다.

◉ 재벌개혁을 통해 다중대표 소송제, 집중투표제 등을 도입함으로써 대기업 지배구조 문제를 개선한다.

◉ 언론개혁을 통해 공영방송 지배구조 문제를 개선하는 등 언론을 정치에 이용하지 못하도록 한다.

◉ 행정부 국무총리, 혹은 국회 산하에 미래예측 및 국책기능을 종합하는 '국가미래전략원'(아일랜드의 NESC와 같은 조직)과 함께 포럼조직(아일랜드의 NESF와 같은 조직)을 신설하여 Two

Track System으로 제도개혁을 한다. Two Track System
은 다음과 같이 작동된다. 1) 연구조직NESC에서는 노동개
혁, 교육개혁, 보건복지 등 사회적 대타협이 필요한 과제
를 우선적으로 연구하고, 이러한 결과를 포럼조직에 보고
한다. 2) 포럼조직NESF은 일종의 정치적 타협 및 정책결정
조직으로, 여기에는 사안별로 핵심 이해관계자들이 참여
한다. 예컨대, 노동개혁의 경우 여, 야, 노동단체, 경제단
체 등이, 교육개혁의 경우에는 학부모, 교사, 교육기관 등
이 참여하여 쟁점을 논의하게 한다. 3) 마지막으로 핵심적
인 부분인 정책결정시스템인데, 일정한 유예시한을 두고
(예컨대 4주에 해당하는 유예시한 설정), 유예시간 내에 합의가 이
루어지지 않을 경우, 국무총리가 제시한 안이 자동 통과되
는 방식의 정책결정시스템을 도입함으로써 국가적 쟁점을
제때 정리해 나갈 수 있는 제도적 장치를 마련한다.

⊙ 입법부의 권한에 따른 책임을 강화하고 국회의 전문성을
확충하기 위해 정당 산하에 글로벌한 수준의 Think-tank
등 연구조직을 확충 보강한다. 중국의 사회과학원CASS:
Chinese Academy of Social Science, 미국의 브루킹스, 랜드, 카네
기, 헤리티지 등과 함께 영국의 수상실 산하의 미래전략실
Strategic Unit을 벤치마킹한다.

⊙ 정부 행정역량의 전문성을 제고하기 위해 순환보직제의 기계적 시행을 개선하고, 사무관 이후의 경력관리제도에 전문형specialist과 관리형generalist으로 나누어서 시행하는 Y-자형 인사관리제도를 도입한다. 전문사무관이나 전문서기관은 직위분류제에 따른 전문가specialist 양성을 목적으로 하며, 호봉에 따른 연봉 승급 및 정년을 보장한다. 관리형의 경우에는 순환보직을 허용함으로써 관리자에게 부합하는 넓은 안목과 정책 조정 등 일반행정가generalist를 양성한다.

⊙ 기초생활수급자의 사각지대를 해소하고, 사회적 안전망을 강화하는 등 사회적 약자를 지원하고, 공교육 강화를 통해 공동체의 건강을 회복해야 한다.

대한민국의 미래
대한민국 국가 재창조 청사진

권력구조	제도혁신
분권형 대통령제	**Two track 제도**
· 1987년 헌법체제의 종언, 구체제 종식 · 제왕적 대통령제의 폐해 극복 · 대통령과 국무총리의 역할분담, 팀플레이 · 대통령실: 정무, 홍보 등 비서실 축소 · 국무회의 중심의 내각 운영 · 검찰개혁: 검찰총장 인사독립성, 공수처 신설 · 재벌개혁: 시장의 공정성 강화 · 정부전문성 강화, Y자형 인사관리제도 도입	· 내각수상(국무총리) 주도 국가전략원(국가정책연구원) · Two track: 연구포럼NESC, 정치포럼NESF 　1) 연구포럼: Fact Check, Issue 분석, 　　　　　　미래국가전략 제시 　2) 정치포럼: 여, 야, 노동조합, 　　　　　　경제단체 등 정치적 대타협 및 　　　　　　최종확정(유예제도) · 노동개혁(노사정), 교육개혁(학부모, 교사) 등 적용

〈그림 8-1〉 대한민국 국가재창조 청사진: 권력구조와 제도혁신

둘째, 행정부, 입법부, 지방자치 3각 구도의 협치를 강화해야 한다.

행정부와 입법부의 정책조정 및 협치를 위한 제도적 방안을 강구하고, 중앙과 지방의 균형발전을 위한 조세제도 개편 및 지방자치의 자율성을 강화해야 한다.

셋째, 산업4.0을 효율적으로 추진할 수 있는 정부조직체제를 갖추어야 한다.

정부조직 개편을 통해 산업4.0을 전략적으로 추진할 수 있는 체제를 마련해야 한다. 10대 우선순위산업(로봇, 바이오, 무인항공기, 자율주행 자동차, 만물인터넷, 신섬유, 핵융합, 포스트실리콘, 차세대 디스플레이, 데이터솔루션) 등을 중심으로 지원체제를 확충하되, 환경과 에너지, 신기술 등이 전략적으로 시너지 효과를 창출할 수 있도록 첨단과학, 산업기술, 환경기술 등 4차 산업혁명을 담당하는 정부조직들을 개편하여 효율적 추진체계를 마련한다.

특히 4차 산업혁명의 신속한 전국 확산 및 제도화를 위해 다음과 같은 교육사업을 제안하고자 한다.

⊙ 3D프린팅, 소프트웨어 코딩, 인공지능 코딩, 빅데이터 등

10개의 교육모듈을 구성한다.

⊙ 200여 개 시군구, 3,000개의 읍면동에서 교육사업과 연계
함으로써 풀뿌리 4차 혁명의 전국 확산을 조기에 도모한다.

⊙ 먼저 사업의 효과성 제고를 위해 경기도, 수원, 판교 등에
서 시범사업을 시행하되, 미래부, 산업부 등 중앙부처, 지
자체, 국회, 학술단체, 주요 언론기관 등이 연합하여 효과
적으로 확산시키는 전략을 취한다.

⊙ K-pop 형태의 신기술경연대회를 실시한다.

⊙ 청년 실업, 노인 빈곤, 베이비부머들의 잠재적 창의력 및
노동의욕을 활용할 수 있도록 교육과정을 구성한다. 즉, 4
차 산업혁명을 추상적 담론차원이 아니라 구체적 창업보
육, 혹은 일자리 창출로 연계한다.

⊙ 교육과정은 정책-기술-마케팅 등 종합적 접근을 통해 교
육의 효과성을 제고한다. 즉, 4차 산업혁명의 이론적 구조
및 시대정신, 시민의 윤리와 덕성 등 정책과 철학을 연계
한 격조 높은 시민철학강좌로 구성하고, 이러한 철학적 기
조하에 실용적인 신기술 및 마케팅 커리큘럼으로 융합함
으로써 전 국민적인 의식혁명과 일자리 창출 전략을 추진
한다. 시민의 힘은 공화정 민주주의의 근간이므로, 이러한
지자체 수준에서부터 시민교육운동을 확산함으로써 시민

의 덕성 및 책임을 강화하고, 시민에너지의 창조적 활용이 가능한 직업적 차원의 시민교육체제를 함께 도모한다.

한편, 이러한 In-Bound전략과 함께 Out-Bound전략을 병행하여 구사한다.

⊙ 국내에 들어와 있는 3D 기술 및 제조업 기술을 전체적으로 점검하고, 이를 중소기업공단과 연계하여 해외진출 전략을 추진한다.

⊙ 아시아, 남미, 아프리카 등 개도국을 중심으로 중소기업기술을 전파하는 사업을 기획한다. 소망성, 실현가능성, 지속가능성 등을 중심으로 국내 기술목록들을 총체적으로 점검하고, 이를 KOICA사업과 연계함으로써 지속가능한 공적자금원조ODA가 될 수 있도록 하는 한편, 수혜국과 원조국 간의 진정한 상호 호혜적 신뢰관계를 구축한다.

⊙ 개도국 진출과 같이 글로벌 진출 시, 한국의 젊은 청년층들을 모집하여 해외파견팀에 소속시킴으로써 베이비부머 세대의 기술적 경험과 젊은 층의 창조적 에너지가 융합될 수 있는 창의적 플랫폼을 구성한다.

대한민국의 미래
4차산업혁명의 신속한 전국확산 및 제도화

청년실업	노인빈곤
직업교육, 평생교육	**Three system**

· 10개 교육모듈: 3D프린팅, 소프트웨어코딩, 인공지능 코딩, 빅데이터분석 등
· 시범사업: 경기도, 판교 등을 중심으로 확산
· 도청, 중앙부처, 국회, 학회, 언론기관 활용 홍보
· 230개 시군구, 3,000개 읍면동으로 확산
· 풀뿌리 4차혁명의 신속한 확산,
  일자리 창출, 창업
	· 정책-기술-마케팅의 3차원 교육 접근
	1) 정책: 4차산업혁명의 이론적 구조,
	   시대정신, 정책학과 전자정부,
	   시민덕성 및 철학
	2) 기술: 3D프린팅, 코딩, 인공지능, 빅데이터 등
	3) 마케팅 및 창업 노하우 전수
	· 청년실업, 노인빈곤,
	  베이비부머의 잠재적 창의력 활용
	· 4차산업혁명을 일자리 창출, 창업보육과 연계

〈그림 8-2〉 대한민국 국가재창조 청사진: 4차 산업혁명의 신속한 확산

넷째, 정부4.0을 실질적으로 구현시킬 메타연구분야 지식네트워크를 구축해야 한다.

국회미래연구원 출범, 혹은 국무조정실 산하 국책연구기관 개편을 통해 우리나라 국가 중장기 전략을 효율적으로 추진할 수 있는 연구플랫폼이 강구되어야 한다. 여기에서는 빅데이터 · AI 등 신기술, 기후변화 · 신재생에너지 · 공화제 민주주의 · 삶의 질 개선 등의 민생문제, 통일전략 · 경제발전 · 헌법개정 · 권력구조 등의 분야가 메타적으로 연구되어야 하며, 이를 국회 상임위와 연계하여 입법화하는 등 실행으로 연결할 수 있는 제도적 방안이 강구되어야 한다.

다섯째, 시민4.0을 창조적으로 실현할 수 있는 방안이 강구되어야 한다.

시민의 책임감이 강해질 수 있도록 시민의 엄격한 법규 준수 체제를 마련하고, 시민의 덕성 및 정신을 함양하기 위한 정책과 프로그램을 개발한다. 한편, 평생교육 지원체계를 통해 시민들이 자기개발을 할 수 있는 교육제도가 보장되어야 한다. 또한, 지식정보사회에 부응하는 산업개편에 부응하여 맞춤형 교육개념을 도입하고, 노동시장 재편성에 따른 직업교육 및 재교육이 강화될 수 있는 체제를 마련해야 한다.

정책제언(Recommendation)

정치1.0 건국혼란기 (이승만)	정치2.0 산업화시대 (박정희)	정치3.0 신자유주의(탈산업화, 세계화, 정보화) (YS, DJ, MB, GH)

정치4.0 공화제 민주주의: Action Plan

공화제 민주주의 강화
* 정치4.0을 실현시킬 권력구조 개편 모색
* 공화제 민주주의: 자유, 법치, 공공선, 시민덕성

산업4.0의 전략적 추진
* 정부조직 개편(미래부, 산업부, 환경부 통합개편을 통해 산업4.0 전략적 추진)
* 10대 우선순위산업 중심 지원체제 확충 (로봇, 바이오, 무인항공기, 자율주행차, 만물인터넷, 신섬유, 색융합, 포스트실리콘, 차세대 디스플레이, 데이타솔루션)
* 창조경제 패러다임 전면 개편 (스타트업 기업 자생력 강화)

행정부, 입법부, 지방자치 3각구도의 협치 강화
* 분권형대통령제를 위한 제도적 준비 (정당의 정책기능 제도적 지원, 의원 전문성 강화)
* 중앙과 지방 협치를 위한 균형발전 모색 (조세제도 개편 및 지방자치 자율성 및 책임성 강화)

정부4.0과 지식네트워크 구축
* 정부4.0을 실질적으로 구현시킬 7대 연구분야
* 지식네트워크 구축
* 국책연구기관 재편 및 국회미래연구원 출범(빅데이터, 기후변화/신재생에너지, 의회민주주의, 삶의 질 개선, 통일전략, 경제발전, 권력구조 개편 등)

〈그림 8-3〉 Agenda4.0 실현을 위한 종합적 정책제언

NEXT PRESIDENTIAL AGENDA 4.0

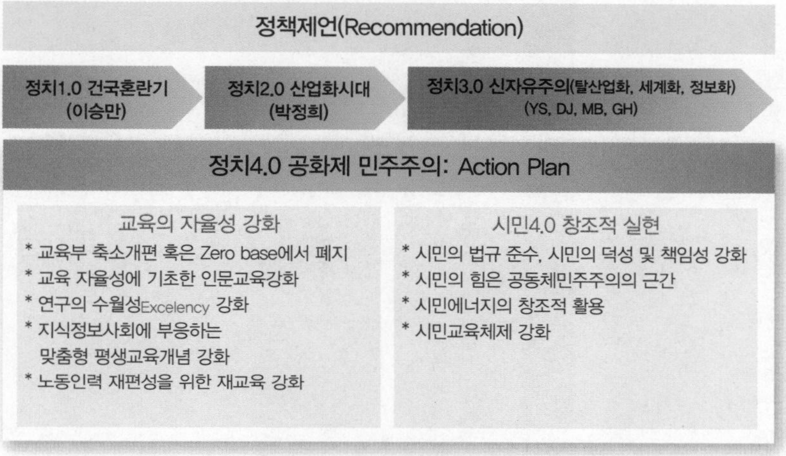

〈그림 8-3〉 Agenda4.0 실현을 위한 종합적 정책제언2

이상에서 논의한 정치4.0, 산업4.0, 정부4.0, 시민4.0 및 협치구도강화를 위한 종합적 정책제언을 대통령 선거공약 매니페스토 정책제언 형식으로 종합적으로 표로 정리하면 제안한다면 다음과 같다.

◉ Presidential Agenda4.0 실현을 위한 정책공약 매니페스토: 정책제언

1. 정치4.0을 위한 정책제언

	주요 내용	시기	예산

헌법개정	■ 분권형 대통령제의 도입
	  – 영국식 순수내각책임제
	  – 프랑스식 이원집정부제
	  – 독일/오스트리아식 내각제
	  – 6년 단임 대통령제
		■ 중기(약 1년~2년)
		  – 2017년 대선 이후 구체적 방법에 대한 논의
		  – 2018년 지방선거 時 국민투표 실시후 확정
			■ 예산필요
			  – 홍보비용 포함 국민투표비용
			    900억~1,500억 예상
			  ※ 2007년 당시 개헌을 위한
			    국민투표 비용 약 1,000억 예상

非헌법개정	■ 책임총리제 도입
	  – 국무총리와 국무회의가 실질적 국정운영 중심
	  – 총리의 각료제청권/해임건의권 제도적 보장
	  – 대통령실: 비서실장, 정무, 홍보, 민정,
	    외교안보 중심 개편
	  – 총리실: 내각과의 가교 및 조정
		■ 중기(약 1년~2년)
		  – 헌법개정 불필요
		  – 다만, 대통령의 의지 및 국회의 동의가
		    부족할 경우 단기간 정책 이행 불가
			■ 비예산

	■ 아일랜드식 Two Track제도 도입
	  – NESC(연구조직): Fact Finding,
	    과학적 연구조사
	  – NESF(포럼조직): 정치적 합의 기구
	  – 정책결정시스템 개선
		■ 단기(약 6개월~1년)
		  – 기구 설치를 위한 근거법령 신설
			■ 비예산
			  – 아일랜드의 경우 각 프로그램 혹은
			    쟁점(사업)별로 예산을 별도로 책정·운영
			  – 예산은 지역사회, 해당 이해관계자,
			    상하부서의 보조금으로 구성

비헌법개정		
■ 정당 연구조직 글로벌 수준 강화 – 중국 사회과학원 – 미국 브루킹스/랜드/카네기/헤리티지 – 영국 미래전략실 등 벤치마킹	■ 단기(약 6개월~1년) – 「민법」제32조 및 제49조 등 관계법령에 따라 재단법인 설립 절차 개시	■ 예산필요 – 설립자본금에 대한 최소한도는 없으나, 관례상 3억~5억 필요 ※ 대미래연구소의 경우 2015년 기준 수입, 지출 결산 규모 약 2억 4~6백만 원선
■ 정부혁신: Y자형 인사관리제도 도입 – 전문형 vs. 관리형(Two track)	■ 단기(약 6개월~1년) – 설립: 직위분류제 개정(단기) – 운영: 공무원 교육훈련을 위한 별도 프로그램 개설(중기)	■ 비예산
■ 검찰개혁 – 고위공직자 비리수사처 신설(독립기관) – 국회의원/법관, 검사/차관급 이상이 공무원/2급이상 공무원/공직유관단체장 등	■ 단기(약 6개월~1년) – 별도 신설에 따를 경우 ※ 참고 – 중기(약 1년~2년): 삼권분립 원칙에 위배되나는 국회의 이견이 발생할 경우	■ 비예산
■ 재벌개혁 – 대기업 지배구조 개선 – 다중대표 소송제/집중투표제 도입	■ 단기(약 6개월~1년) – 「상법」 대대적 개정 필요	■ 비예산
■ 언론개혁 – 언론과 정치의 분리	■ 단기(약 6개월~1년) – 「방송법」,「방송통신위원회 설치법」,「방송문화진흥회법」,「한국교육방송공사법」개정 필요	■ 비예산
■ 사회안전망/공교육 강화	■ 중장기(약 2년~3년)	■ 비예산

2. 협치구조 강화를 위한 정책적 제언

	주요 내용	시기	예산
행정부 -입법부 간 협치 강화	■ 행정부-입법부 간 정책조정 및 협치를 위한 제도적 방안 강구 - 국무총리, 각 당 대표 정례간담회 신설 - 국회 내 국무총리 연락사무실 설치	■ 중장기(약 1년~3년)	■ 실무차원 예산조치
지한변개정	■ 중앙-지방 간 조세제도 개편 ■ 지방자치단체의 자율성 강화	■ 중장기(약 1년~3년) - 단기: 중앙-지방간 조세제도 개편을 위한 협의기구 구축 - 중기: 지방세제의 세목 및 세율 조정 및 별물개정	■ 비예산

3. 신업 4.0을 위한 정책제언

	주요 내용	시기	예산
In-Bound	■ 정책-기술-마케팅 등 종합적 접근 - 4차 산업 혁명을 위한 시민참여강좌 구성 - 4차 산업관련 실용적 신기술에 대한 10개의 교육모듈 구성 - 4차혁명 확산을 위한 시군구(231개) 연계 교육프로그램 신설 - 신기술경영대회 실시(인센티브) - 청년교육 및 노동의욕 제고를 위한 교육프로그램 신설 - 산학연관 및 언론기관 등 확산 전략 강구	■ 단기(약 6개월~1년)	■ 예산필요 - 교육프로그램 신설 및 운영을 위한 예산 필요 - 예컨대, 2015년 정부주도 인문학 대중화 사업 총 예산 67억 원(전국단위)

주요 내용	시기	예산
非헌법개정 ■ 중소기업의 3D 기술 및 제조업 기술 점검 ■ 중소기업공단과 연계 해외진출 전략 수립 　– 코이카(KOICA) 사업과 연계, 　개발도상국에 대한 ODA 정책 수립	■ 중기(약 1년~2년)	■ 비예산

4. 정부 4.0을 위한 정책제언

	주요 내용	시기	예산
지식네트워크 구축	■ 국회 산하 국정전략연구원 ■ 국정메타연구플랫폼 구축 　– 4차산업혁명(빅데이터/AI) 　– 기후변화(신재생에너지) 　– 의회민주주의(공화제민주주의) 　　– 삶의 질　　– 통일전략 　　– 경제발전　　– 권력구조 ■ 국회 상임위와 연계, 입법화하는 제도 마련	■ 중기(약 1년~2년)	■ 실무차원 예산조치

5. 시민 4.0을 위한 조직 개편

	주요 내용	시기	예산
시민4.0 실현	■ 시민의 엄격한 법규 준수체제를 마련 ■ 시민의 덕성 및 정신 함양을 위한 프로그램 ■ 평생교육 지원체계 구축 ■ 산업개편에 부응한 맞춤형 교육체계 도입 ■ 노동시장 재편성에 따른 직업교육 개발 및 재교육 강화	■ 중기(약 1년~2년)	■ 실무차원 예산조치

에필로그

    대한민국은 신음하고 있다. '최순실 게이트'에서 드러난 초헌법적 국정농단과 권력형 비리는 국민을 망연자실하게 하고 있다. 그것이 아니라도 이미 우리는 지나친 소득격차와 양극화 속에서 공동체 붕괴를 경험하고 있으며, 장기 저성장 국면으로 들어가면서 저출산, 고령화 등으로 인해 희망의 사다리는 무너져 내리고 있다.

    하지만 우리가 잊어선 안 될 것이 있다. 대한민국은 위대한 민족의 국가라는 사실이다. 오천 년의 역사 속에서 숱한 내우외환을 슬기로 극복한 민족의 국가이며, 이제 대한민국은 대통령이나 소수의 권력자에 의해 국운이 좌지우지되는 그런 국가가 아니라는 점이다.

이제 우리는 우리에게 닥친 위기를 새로운 기회로 삼아 분권적으로 돌아가는 정치시스템을 만들고, 이를 통해 정치적으로 양극화와 공동체의 문제에 대한 해법을 모색해야 한다. 또 다른 한편으로는 새로운 국제 정세에 대응하고, 산업적으로는 인공지능, 로봇, 바이오 등을 중심으로 몰려오는 새로운 과학기술과 산업혁명의 물결에 대응해야 한다.

본서는 이러한 양대 축, 정치적으로 살펴야 할 공동체의 문제와 민생의 문제, 그리고 경제적으로 살펴야 할 산업혁명과 과학기술의 물결을 Next Agenda 4.0이라는 단어로 명명하였다. 이러한 정치와 경제의 양대 축을 정부4.0이라는 정부혁신 모형으로 뒷받침해야 한다는 점이 본서의 핵심 요지이다.

본서에서 제시된 핵심 주장과 함의를 정리하면 다음과 같다.

첫째, 국가혁신의 청사진으로써 정치4.0, 산업4.0, 자본4.0, 시민4.0을 제시하고, 이를 정부혁신4.0으로 뒷받침하였다.
둘째, 창조적 의식개혁과 협치와 소통의 국정리더십이 중요하다는 점이다.
셋째, 창조적 의식개혁을 위한 세 가지 핵심변수로, 국정리더십, 구조개혁, 정책전략이 제시되었다.

넷째, 협치와 소통의 국정리더십은 사회적 대타협을 통해 정치4.0을 실현하고, 신성장동력과 4차 산업혁명을 통해 산업4.0을 실현해야 하며, 이는 다시 정부4.0에 의해 뒷받침되어야 한다.

마지막으로, 국정리더십이 효과를 발휘하려면 구조개혁을 위한 기구의 설치와 의지의 문제가 중요하다. 이는 스웨덴, 아일랜드, 독일, 싱가포르 등 많은 선진사례를 통해 여실히 논증되고 있다.

이러한 주장과 논점을 제시하기 위해 본서는 다음과 같은 구성으로 이루어졌다.

프롤로그에 이어 우리는 먼저 정책학의 지혜에 대해서 살펴보았다. 정책학이 어떤 목적으로 성립된 학문인지, 추구하는 이상과 철학이 무엇인지를 살펴봄으로써 본서에서 논구하고자 하는 국가혁신의 청사진을 마련하는 데 근본이 되는 주춧돌로 삼고자 하였다.

정치4.0에서는 정책에서 구현하려는 이상이 왜 정치의 힘을 빌려 구현되어야 하는지에 대해 살펴보았다. 이어서 공동체 민주주의, 협치, 협력적 거버넌스를 구현하는 데에 스웨덴, 아일랜드, 독일에서는 어떤 구조개혁과 리더십이 있었는지를 살펴보았다.

개혁과 리더십은 창조적 의식개혁을 실현한다는 공식을 논증하고자 하였다. 독일, 스웨덴, 아일랜드 등 유럽에서는 지금 우리나라에서 필요로 하는 "사회적 대타협"이 어떻게 가능했는지, 그들은 어떻게 국가적 신성장 동력을 실현했는지, 그리고 이 모두를 가능케 만든 협치와 소통, 통합의 리더십은 어떻게 가능했는지를 살펴보았다. 정확한 구조적 개혁과 실행체계가 결국 정답이라는 점을 배울 수 있었다.

결국, 기구와 의지의 문제이며, 이를 가능하게 만든 것은 리더십이었다. 이러한 논점을 참고한다면, 더 밝고 더 큰 대한민국을 만드는 청사진을 설계하는 데 도움이 될 것으로 믿는다.

산업4.0에서 우리는 세계는 어떻게 변하고 있는지, 새로 대두되는 첨단 과학기술들은 무엇이며, 글로벌 기업들은 어떤 전략으로 임하고 있는지 살펴보았다. 우리의 경쟁국가, 미국, 독일 등은 어떤 국가적 전략으로 임하고 있는지를 살펴봄으로써 대한민국의 전략과 대책을 세우는 데 도움을 받고자 했다. 사회적대타협과 신성장 동력, 그리고 4차 산업혁명에 대한 대응책은 밝고 더 큰 대한민국을 만들게 해 줄 것이다.

자본4.0과 시민4.0에서는, 자본4.0이란 무엇인지, 시민4.0이란 무엇인지를 살펴보았다. 우리나라에서는 자본과 시민의 역사가 어떻게 흘러왔는지를 살펴봄으로써 현재 우리에게 필요한 자본모형과 시민모형은 무엇인지에 대한 해법을 찾고자 했다.

정부4.0에서는 정부모형에 대한 마크 무어 교수의 논증을 토대로, 정부3.0에 대해 비판적으로 고찰하였다. 이어 이러한 문제점을 보완, 혹은 극복하기 위해서 진화해야 할 정부모형은 무엇인지에 대해서 살펴보았다.

이어서 정책제언에서는 정치4.0, 산업4.0, 자본4.0, 시민4.0, 정부4.0을 총체적으로 실현하기 위해 필요한 실행 아젠다들에 대해서 정리하였다.

대한민국은 위대한 국가이다. 지금의 고통과 어두움은 새로운 활로를 개척하기 위한 창조적 시련이다. 지금은 마치 출구가 보이지 않는 것처럼, 때론 어두운 밤처럼, 양극화와 중산층의 붕괴, 그리고 이로 인한 공동체의 문제점을 심각하게 안고 있지만, 정치, 경제, 산업, 자본, 시민, 정부 등의 힘을 총체적으로 동원한다면, 우리는 극복해 낼 수 있을 것이다. 새로운 국정 리더십이 정확한 구조개혁의 청사진을 제시하고, 여기에 명민한 관료들의 정책역량과 시민들의 의식혁명이 뒷받침된다면 능히 극복해 낼 수 있을 것으로 믿는다.

남북통일의 물꼬를 트고, 글로벌 시장에 한국을 더 큰 존재감으로 진입시킬 여러 가지 정책 아젠다Policy Agenda가 나오길 기대해 본다. 통일을 실현하고 북방과 유라시아를 잇는 유럽대륙으로까지 진출하여, 세계무대에 한민족이 새로운 교육과 경제, 그리고 문화 콘텐츠Cultural Contents의 강자로 우뚝 설 그 날이 멀지 않았다고 믿는다.

온 동포를 사랑하는 휴머니즘을 가슴속 깊이 담고서, 새로운 세계를 열어갈 새로운 대한민국의 리더는 누구인가?

에필로그   : 269

〈참고문헌〉

국내문헌

권기헌. (2015). 『대한민국 비정상의 정상화』. 행복에너지.

권기헌. (2014a). 『정책학의 논리』. 박영사.

권기헌. (2014b). 『행정학강의』. 박영사.

권기헌. (2013). 『행정학 콘서트』. 박영사.

권기헌. (2012). 『정의로운 국가란 무엇인가』. 박영사.

권기헌. (2012). 『전자정부론』. 박영사.

권기헌. (2010). 『정책분석론』. 박영사.

권기헌. (2009). 『행정학』. 박영사.

권기헌. (2008). 『정책학』. 박영사.

권기헌 · 임광업 · 방유성(2014). 『정의로운 공공기관 혁신』. 한언.

권오성. (2006). "공공기관 기능 및 인력 재검토 추진방안", 한국행정연구원.

권기헌 · 문상호. 2009. "한국 정책학의 이상과 도전 ―한국적 맥락의 정책수용성 연구를 위한 성찰적 정책모형의 유용성에 관한 고찰," 「한국정책학회보」, 제18권 제1호, 한국정책학회. 8-9, 14-16

권기헌 · 한승준. 2015, 「정부3.0컨퍼런스: 공공가치 구현을 위한 정부3.0의 현황과 과제」. 안전행정부.

김인숙 · 남유선. (2016). 『4차 산업혁명, 새로운 미래의 물결』. 호이테북스

김택환 · 손학규. (2016). 『21세기 대한민국 국부론』. 자미산

국회 미래전략자문위원회. (2016). 『미래를 위한 제언』. 대한민국국회

박형준. (2014). 『한국사회 무엇을 어떻게 바꿀 것인가』. 메디치

안병영. 2005, "한국행정학 50년", 「한국행정학회 춘계학술대회 발표논문집」, 한국행정학회

이상원. (2003). "깨어진 유리창 이론(Broken Window Theory)에 기초한 경찰활동 활성화 방안", 「산업경영논총」Vol.10: 129-149.

장현주. (2007). "혁신평가제도에 관한 연구: 중앙부처를 중심으로", 「한국정책과학학회보」 11(4): 24-50.

제이 R.갤브레이스. (2005). 김현주 · 정재상 공역. 『전략, 구조, 프로세스 통합을 위한 조직설계 방법론』. 시그마인사이트컴.

조영식. (1993). 『인류사회는 왜, 어떻게 재건되어야 하는가』. 고려원.

차의환. (2007). 『정부혁신의 전략과 변화관리: 혁신해야 살아남는다』. KMAC.

허범. 2002. "정책학의 이상과 도전." 『한국정책학회보』, 제11권 제1호, 293-311.

OECD 경제협력개발기구. (2006). 『정부혁신 패러다임 어떻게 변하고 있는가』. 삶과꿈

통계자료

경찰청, 2015, 「2014경찰범죄통계」

대통령소속국민대통합위원회, 2016, 「출범발표자료」

안전행정부, 2013, 「정부3.0세부추진계획」

통계청, 2010, 「사망원인통계」

통계청, 2014, 「사망원인통계」

한국개발연구원, 2013, 「한국의 장기 거시경제변수 전망」

해외문헌

Anatole Kaletsky. (2011). Capitalism 4.0: The Birth of a New Economy in the Aftermath of Crisis. PublicAffairs

Anderson, Charles W. 1993. Recommending a scheme of reason: political theory, policy science, and democracy, Policy Science, 26(3): 215- 227.

David R. Hawkins. (2012). Power vs. Force : The Hidden Determinants of Human Behavior, Hay House

Deleon. P. (1994). Democracy and the Policy Sciences: Aspirations and Operations. Policy Studies Journal, 22(2)

Habermas, J. (1987). The Philosophical Discourse of Modernity. Translated by F. Lawrence. Cambridge: MIT Press.

J.Dewey. (1916). Democracy and Education: An Introduction to the Philosophy of Education, New York : The Macmillan company

_____. (1920). Reconstruction in Philosophy, Democracy and the Policy Sciences, 22(2): 200-212

_____. (1940). Time and Individuality. Time and Its Mysteries, Series II (New York University Press). By permission

Kelly, G. & Muers, S. (2002) Creating Public Value: An Analytical Framework for Public service Reform, London, Cabinet Office Strategy Unit.

Lasswell. (1951). "The Policy Orientation." H.D. Lasswell and D. Lerner(eds.), Policy

Sciences. Stanford, California: Stanford Univ. Press, 3–15.

McKinsey Global Institute. (2015. 01). lobal Growth: Can Productivity Save The Day In An Aging World

Michael Sandel. (2010). Justice : What's the Right Thing to Do?. Farrar Straus Giroux

Moore, M. (1995). Creating Public Value, Cambridge, Mass., Harvard University Press

Schneider, Anne, Ingram, Helen & DeLeon, Peter, (2007). Social Construction and Policy Design, In Sabatier, P. A., ed. Theories of the Policy Process. Colorado: Westview Press: 93–126

1. 『글로벌 성장(2015.01)』 『Global Growth: Can Productivity Save The Day In An Aging World(2015. 01)』

2. 이 장에서 사용된 논조는 기존의 졸저, 『정의로운 국가란 무엇인가』, 『대한민국 비정상의 정상화』 등에서 빌려오고 새로 각색하는 등 수정 보완하였다. 정책의 품격, 이상, 시대정신, 국정지도자의 자질 등에 대한 좀 더 자세한 논의는 졸저, 『정의로운 국가란 무엇인가』, 2012: 150~175 참조바람.

3. 권기헌, 최병선, 2004: 16~18. 또한 정책의 품격, 이상, 시대정신 등에 대해서 좀 더 자세한 논의는 졸저, 『정의로운 국가란 무엇인가』, 2012: 150~175 참조 바람.

4. 이 논문에서는 한국 정책학의 정체성이라는 관점에서 성찰성의 개념을 정책분석모형으로 검토하고 있다. 성찰적 정책모형의 필요조건을 논구하면서 2008년 봄 한국적 정책현실에서 발생한 쇠고기 파동과 촛불집회 사례에 대한 성찰성 분석을 시도하고 있다. 이러한 분석을 통하여 필자들은 미국산 쇠고기 수입재개 정책에 국민이 촛불집회와 정책 수용거부로 맞선 것은 국민의 '건강권'을 돌보지 않은 정책결정자의 '비성찰성'에 대한 질타의 표현이었고, 이처럼 '소통'과 '배려'가 실종된 정책을 결정한 정부의 '마음'에 대한 불신임적 성격이 내포된 것임을 발견한 바 있다. 문상호 · 권기헌, "한국 정책학의 이상과 도전: 한국적 맥락의 정책수용성 연구를 위한 성찰적 정책모형의 유용성에 관한 고찰," 「한국 정책학회보」, 제18권 1호, 2009.

5. 한국행정학 50년: 1956~2006, 403~432쪽.

6. 문상호 · 권기헌, "한국정책학의 이상과 도전" 「한국정책학회보」 제18권 제1호(2009), 9~11, 15~16쪽.

7. 윤홍식, 『논어: 양심을 밝히는 길』, 살림, 101쪽.

8. 정치4.0에 대한 고찰: 사실 정치4.0의 숫자는 시기구분에 따라 달리 이해될 수 있다. 본서에서 보는 한국정치의 구분에 대한 필자의 논리는 다음과 같다. 먼저, 이승만 대통령 시대의 대한민국은 건국기로써 정치1.0에 해당한다. 이는 일제 해방 이후 좌우의 혼란, 민주진영과 공산진영의 분리 속에서 대한민국을 자

유민주의 시장경제체제로 건국한 국가형성기에 해당한다. 둘째, 박정희 대통령 이후 전두환, 노태우 등 문민정부 이전 군부정권기는 정치2.0 시대라고 할 수 있다. 이 시기는 대한민국이 수출중심의 경제체제로 산업화를 이룩한 시기에 해당한다. 정치적으로는 민주주의적 절차와 일반 대중의 정치 참여가 상당 부분 제한되었으며 국민의 기본권 보장을 위한 투쟁이 벌어졌다. 그 결과, 대통령 직선제가 이루어졌고 소위 '87년 체제'라고 불리는 절차적 민주주의 체제가 확립되었다. 셋째, 김영삼 대통령 이후 문민정부가 자리 잡고 다양화된 체제 속에서 세계화, 정보화, 분권화 등이 실현된 시기를 정치3.0으로 부를 수 있다. 물론 이 시기는 다양한 형태의 이념이 시도된 시기로, 다시 더 세분화된 구분도 가능하다. 하지만, 본서에서는 이 시기를 민주주의 체제하에서 다양한 형태의 탈권위주의가 시도되었으나, 1997년 IMF시대, 2009년 세계금융위기 등을 통해 자본주의의 폐해가 더욱 심화됨으로써 양극화와 소득분배의 악화 등을 초래한 시기이기에 정치3.0의 시대로 구분하고자 한다. 즉, 군부독재에 신음하던 민주화 이전의 정치 문화가 김영삼, 김대중 등 정치적 리더 개인의 카리스마에 의존하는 권위적 체제로 변화하고, 이는 다시 노무현, 이명박 정부로 이어지면서 탈권위와 실용개혁을 핵심 기조로 한 정치 문화에 의해 대체되었으나, 상대 정당 혹은 정치세력에 대한 관용과 대화 시도가 부족한 극단적 정치 대립 양상이 나타나 한국 정치의 선진화는 아직도 요원한 실정에 있는 시기로 이해하고자 한다. 이러한 시대적, 정치적 배경에서, 정치적 패러다임 또한 4.0의 시대를 맞이해야 할 것이다. 그리고 그 정치 4.0의 패러다임은, 한국정치의 고질적 병폐인 상대방에 대한 독선과 불통, 승자독식의 정치문화 등이 개선된 진정한 대화와 타협, 화해와 포용을 기반으로 한 '협치(Governance)'가 중심이 되어야 한다. 행정부와 입법부, 그리고 지방자치의 삼각구도 속에서 진정한 거버넌스가 이루어지고, 비단 정치권뿐만 아니라 우리 사회 공동체의 다양한 이해관계자들 간에도 신뢰와 등권에 기반을 둔 소통과 대화가 이루어짐으로써 공동체가 복원되고 자신과 다른 견해를 가진 사람들의 의견도 수용하고 존중할 수 있는 관용적 문화가 뿌리내려야 할 것이다.

9. 성찰적 민주주의는 공화제 민주주의보다 좀 더 확장된 개념이다. 공화제 민주주의는 자유, 법치, 공공선, 시민의 덕성을 강조하는 제도적 개념이라면, 성찰적 민주주의는 여기에 더하여 개인과 공동체의 성찰, 즉 정신적 성찰과 의식의 문제까지 포함하고 있다. 정치과정에서의 입법화 등을 통해 소득격차의 해소, 공

교육의 증대, 공적 안전망의 강화, 숙의 민주주의 등이 이루어지고, 시민교육의 강화 등을 통해 개인과 공동체에서의 시민의 덕성을 키워 나가려는 노력이 병행될 때 민주주의의 완성에 한걸음 더 다가갈 수 있다고 보는 것이다.

10. 권기헌, 2012, 『정의로운 국가란 무엇인가』, p.35

11. 권기헌, 2012, 『정의로운 국가란 무엇인가』, p.35

12. 권기헌, 2012, 『정의로운 국가란 무엇인가』, p.48

13. 권기헌, 2012, 『정의로운 국가란 무엇인가』, p.53

14. 권기헌, 2012, 『정의로운 국가란 무엇인가』, p.168

15. 권기헌, 2012, 『정의로운 국가란 무엇인가』, p.169

16. 권기헌, 2012, 『정의로운 국가란 무엇인가』, p.170

17. Anatole Kaletsky, 「Capitalism 4.0: The Birth of a New Economy in the Aftermath of Crisis」, Perseus Books Group, 2010; 조선일보, 2011.8.8, "이젠 '자본주의 4.0'이다," A1면; 서상목 시론, "한국자본주의 4.0의 실천전략" (조선일보, 2011.8.4, A35면)

18. 정부3.0, 정부3.0과 전자정부3.0의 관계 등 좀 더 상세한 내용에 대해서는 졸저, 『행정학강의』(박영사, 2014), 785~797쪽을 참조 바람. 아울러, 졸저, 『대한민국 비정상의 정상화』(행복출판사, 2014)에 제시된 정부3.0이론을 수정 · 보완하였음.

19. 이 장에서의 내용들은 졸저, 『대한민국 비정상의 정상화』(행복출판사, 2014)에 제시된 내용을 수정, 축약, 보완하여 정리한 것이다.

20. 졸저, 『행정학강의』(박영사, 2014)에서 수정한 내용이다.

21. 졸저, 『정책학의 논리』(박영사, 2007)에서 수정한 내용이다.

22. 이 장에서의 내용들은 졸저, 『대한민국 비정상의 정상화』(행복출판사, 2014)에 제시된 내용을 수정, 축약한 것이다.

출간후기

– 권선복
(도서출판 행복에너지 대표이사,
한국정책학회 운영이사)

『정부혁명4.0: 따뜻한 공동체, 스마트한 국가』는 위기의 사회를 헤쳐 나갈 정책적 방향을 제시합니다. 저자는 이 책에서 정치혁신, 산업혁신, 자본혁신, 시민혁신, 정부혁신 등으로 국가재창조 청사진을 그려내고 있습니다. 특히 Next Presidential Agenda 4.0이라는 부제가 말해주듯이, 이 책에 담긴 국가재창조의 아젠다와 정책제언들은 차기 대통령 선거 및 정부구성 등에 있어서 중요한 국정관리의 지침이 될 것으로 생각됩니다.

저자는 인간의 존엄성 실현이라는 정책학의 이상과 철학의 관점에서 대한민국의 미래를 위해 이제는 정부, 의회, 자본, 국민 모두가 바뀌어야 함을 말합니다. 즉, 정치4.0은 어떻게 이루어져야 하는지 선진국들의 사례를 통해 살펴보며, 정확한 구조 개혁과 실행 체계가 정답임을 강조합니다. 책의 후반부에서는 산업4.0, 자본4.0, 시민4.0을 통해 우리에게 필요한 새로운 모형을 제시합니다.

마지막으로 이는 정부4.0을 바탕으로 가능할 수 있음을 강조하고 있습니다. 현 성균관대학교 국정전문대학원 원장이자 교수로서, 그리고 한국정책학회의 회장을 역임하였던 분으로서 우리 시대에 가장 필요한 정책 가이드를 만들기 위해 아낌없는 노력을 기울이신 권기헌 저자님의 노고에 힘찬 응원의 박수를 보냅니다.

국가혁신, 정부3.0,
정상화과제 전략과 해법은 무엇인가

대한민국
비정상의 정상화

권기헌 지음 | 값 15,000원

『대한민국 비정상의 정상화』는 우리나라 국가혁신의 문제점
과 미래의 방향을 제시한 하나의 기념비적인 작품이다. '비
정상의 정상화'에 관한 철학, 이론, 실천과제를 국가와 정부
의 역할을 중심으로 명쾌하게 제시하고 있다. 국가혁신의 근
본적인 문제 해결에 접근하지 못하는 현실에서, 시대의 변화
에 따른 혁신의 비전을 수립하는 데 중요한 지침서가 되어
줄 것이다.

방 황 하 는   청 춘 에 게

포기하지 마
넌 최고가 될 거야

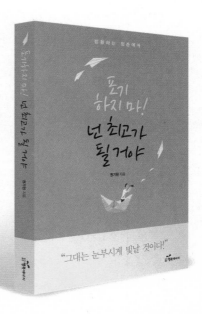

권기헌 지음 | 값 15,000원

책 『포기하지 마! 넌 최고가 될 거야』는 본격적으로 험난한
인생길에 접어든 젊은이들에게 전하는 '격려와 조언'을 담고
있다. '자아, 지식, 열중, 긍정, 소통, 창의, 감성, 꿈'이라는
주요 키워드를 중심으로, 어떻게 하면 자신이 원하는 인생을
살아갈 수 있는지에 대해 따뜻한 목소리로 자세히 설명하고
있다. 취업과 경제적 사정 때문에 늘 고민이 많은 우리 청년
들이 이 책을 통해 자신감을 얻고 밝은 미래를 위한 청사진
을 구축하기를 기대해 본다.

남불 앵커 힘내라, 얍!!

남불 지음 | 값 15,000원

이 책 『남불 앵커 힘내라, 얍!!』은 혼란한 세상 속 행복한 삶을 꿈꾸는 사람들에게 일상 속에서 깨닫는 삶과 행복의 본질을 말하고 있다. 웃음과 눈물이 공존하며 일견 평범해 보이는 일상 속 작은 깨달음과 마주하다 보면 '무탈하게 살아가는 것이 행복'이며 '삶은 누려야 하는 향연'이라며 힘주어 이야기하는 저자의 목소리에 자연스럽게 공감하게 된다.

끌리는 곳은 서비스가 다르다

박정순 지음 | 값 15,000원

책 『끌리는 곳은 서비스가 다르다』는 현재 11년 차 소상공인이며 서비스와 이미지 메이킹 전문가인 저자가 사업을 성공으로 이끄는 서비스 노하우를 알려준다. 모든 사업의 핵심 바탕이 되는 '서비스'에 대해 심도 있게 다루면서도 독자들로 하여금 쉽게 이해할 수 있게 실제 사례를 들어 친절하게 설명한다. 모든 사업 성공의 바탕에는 '서비스'가 있다는, 잊기 쉽지만 가장 중요한 핵심을 잘 짚어내고 있다.

영보이 공무원 국어 '핵심' 기출문제집

영보이 지음 | 값 28,000원

국어는 초등학교부터 우리가 공부해 온 과목이다. 하지만 알면 알수록 어려운 것이 국어이며 공무원 국어는 이론이 중요하다. 이론을 생각하며 푸는 것이 정석이지만 그럴 만한 시간적 여유가 없다. 영보이 교재 시리즈는 수험생의 그러한 어려움을 확실히 덜어 드리기 위해 탄생했다. 영보이 교재 시리즈는 이론과 공부법을 동시에 담아 한 번을 공부해도 오래 기억할 수 있다.

나부터 작은 것부터 지금부터

임상국 지음 | 값 15,000원

이 책은 무언가 새롭게 시작하는 사람에게 꿈과 비전을 주기 위함이다. 많은 사람이 '무엇을 할까? 어떻게 할까?'를 고민할 때 '이렇게 하면 됩니다'라고 자신 있게 들려줄 수 있는 이슈 인물들의 감동적인 이야기를 저자의 경험과 함께 담은 책이다. 가난하다고 꿈조차 가난할 수는 없다. 세상 탓, 남 탓, 환경 탓만 하기엔 시간이 너무 짧고 할 일은 너무 많다. '나부터 작은 것부터 지금부터'의 행함이 나와 여러분이 바라는 진정한 꿈을 이루도록 도울 것이고, 새롭게 변화된 삶으로 꿈 너머 꿈까지 실현하는 행복한 삶을 경험하게 만들 것이다.

하루 5분 나를 바꾸는 긍정훈련
행복에너지

'긍정훈련' 당신의 삶을 행복으로 인도할
최고의, 최후의 '멘토'

'행복에너지 권선복 대표이사'가 전하는
행복과 긍정의 에너지, 그 삶의 이야기!

권선복

도서출판 행복에너지 대표
대통령직속 지역발전위원회
문화복지 전문위원
새마을문고 서울시 강서구 회장
한국정책학회 운영이사
영상고등학교 운영위원장
아주대학교 공공정책대학원 졸
충남 논산 출생

국민 한 사람, 한 사람이 모여 큰 뜻을 이루고 그 뜻에 걸맞은 지혜로운 대한민국이 되기 위한 긍정의 위력을 이 책에서 보았습니다. 이 책의 출간이 부디 사회 곳곳 '긍정하는 사람들'을 이끌고 나아가 국민 전체의 앞날에 길잡이가 되어주길 기원합니다.

** **이원종** 前 대통령 비서실장/서울시장/충북도지사

'하루 5분 나를 바꾸는 긍정훈련'이라는 부제에서 알 수 있듯 이 책은 귀감이 되는 사례를 전파하여 개인에게만 머무르지 않는, 사회 전체의 시각에 입각한 '새로운 생활에의 초대'입니다. 독자 여러분께서는 긍정으로 무장되어 가는 자신을 발견할 수 있을 것입니다.

** **조영탁** 휴넷 대표이사

권선복 지음 | 15,00